同济文化

同济大学国际学生感悟中国丛书　孙宜学　宗　骞　陈毅立　主编

上海一流研究生教育引领计划项目“汉语国际教育专业人才培养‘一带一路’模式建构”（项目号2020YL07）

国际学生课堂教学案例集

主编　陈毅立

同济大学出版社

图书在版编目(CIP)数据

国际学生课堂教学案例集 / 陈毅立主编. —上海：同济大学出版社，2021.11

ISBN 978-7-5608-9908-4

Ⅰ. ①国…　Ⅱ. ①陈…　Ⅲ. ①留学生教育—课堂教学—教案(教育)—汇编—中国　Ⅳ. ①G648.9

中国版本图书馆 CIP 数据核字(2021)第 224771 号

国际学生课堂教学案例集

陈毅立　**主编**

责任编辑　张　翠　　**责任校对**　徐春莲　　**封面设计**　陈益平

出版发行　同济大学出版社　www.tongjipress.com.cn

(地址:上海市四平路 1239 号　邮编:200092　电话:021-65985622)

经　　销　全国各地新华书店

排　　版　南京文脉图文设计制作有限公司

印　　刷　常熟市华顺印刷有限公司

开　　本　710 mm×1000 mm　1/16

印　　张　13.5

字　　数　270 000

版　　次　2021 年 11 月第 1 版　　2021 年 11 月第 1 次印刷

书　　号　ISBN 978-7-5608-9908-4

定　　价　66.00 元

总序　向世界讲好社会主义核心价值观的内涵

2012年11月，党的十八大召开，明确提出了“建设优秀传统文化传承体系，弘扬中华优秀传统文化”的重大任务。随后，习近平总书记就传承、弘扬中华优秀传统文化发表了一系列重要讲话，深刻阐述了中华优秀传统文化的地位作用、价值意义、基本内涵和传承弘扬的原则要求，提出了一系列新思想、新观点、新论断。他指出，优秀传统文化博大精深，是中华民族永远不能离别的精神家园，要学习和掌握其中的各种思想精华，对历史文化特别是先人传承下来的道德规范，要坚持古为今用、推陈出新，有鉴别地加以对待，有扬弃地予以继承。这些重要论断立意高远，内涵丰富，思想深刻，脉络清晰，标志着中国共产党人对优秀传统文化的认识提升到新的境界，为新形势下传承弘扬中华优秀传统文化提供了遵循的重要线索。

面对五千年博大精深的中华传统文化，如何发掘、学习和掌握其中的精华，并坚持古为今用、推陈出新，以文化人，以文育人，从而帮助中国人树立正确的世界观、人生观、价值观，并且以中华民族创造的精神财富推动世界文明的发展，营造良好的文化生态环境，这是我们继承并发展民族文化血脉的目的，也是中华优秀传统文化生生不息的根本原因。

中华文化国际传播是中国需要也是世界需要

中华文化的国际传播是党的十八届三中全会提出的一项战略任务，即“扩大对外文化交流，加强国际传播能力和对外话语体系建设，推动中华文化走向世界”。要实现这一任务，必须加强从跨文化角度阐释中华文化国际传播的内涵,同时从传播学的角度阐释中华文化的传播手段,并借鉴世界文化国际传播的经验推动中华文化的国际传播。

中华文化的国际传播事关中国未来发展战略全局,具有深远的历史价值和现实意义,既顺应了扎根中国大地坚持改革开放的战略诉求,又切实符合中外文化交流的传统,具有延伸历史、创造历史的经典意义,对构建中国全方位开放格局,促进中国与世界形成优势互补、平等合作、互利共赢的世界新格局,也具有直接的理论引领和实践借鉴价值。

中华文化的国际传播是一项重大工程,综合性强,涉及面广,问题复杂,政府、学界和全社会应密切合作,资源共享,从学术、技术、机构等层面逐步推进,实现与中国形象建构的积极协调,使中华文化软实力顺利落地生根,要实现这一目标, 还有许多迫切需要解决的问题,如内涵建设、传播机制,财政支撑体系、质量评估标准、中华文化在目前世界文化生态系统中的地位和定位等。

中华文化具有鲜明的时代特色,要向世界传播的中华文化必须具有马克思主义先进文化的思想根基,同时又有中华优秀传统文化的深厚底蕴。只有坚持以马克思主义为指导,才能保证中华文化的顺利传播,并走出一条植根中华文化沃土、“和而不同”的传播之路。

中华文化内涵丰富,博大精深、多元共生,传统中孕育着创新,创新中包含着传统,而国际局势波诡云谲,文化环境复杂多变,如何基于中国需要和世界需要提炼出既具有深厚的历史传统积韵、又能与世界不同文化和谐互动的文化要素,是保证中华文化国际传播的质量和效率的前提。为了保证这一目标的顺利实现,我们迫切需要整合马克思主义理论、政治学、计算机科学与技术、传播学、语言学、社会学、教育学、经济学、生物学等学科的力量,基于中华文化国际传播的经验,创新研究方法,形成创新理论成果,集中精力发掘出中华文化的新时代内涵,探索创建中国国际话语体系,最终实现中华文化与世界各国文化的和谐共生。

社会主义核心价值观代表中国共产党对中国传统文化的新认识

中国共产党是中华优秀传统文化的最优秀的传承者和创新者，也是最能科学地在中外文化相互参照中不断汲取世界文化、实现中华文化不断优化的先进文化力量的代表。实际上，中国特色社会主义核心价值观所体现的中华民族的世界观、文化、人生观等，都是基于中华文化的优秀传统和独特基因的具有典型中华民族特色的价值体系，是中国之所以成为中国的独特身份标记，是具有悠久文明史的中国始终能坚持走自己独具特色的发展之路的根本原因，这也是中华民族能始终独立于世界民族之林的根本原因。因此，中国特色社会主义核心价值观，也是全体中国人精神合一的独特模式，是值得骄傲和自豪的民族独立的象征。

中国共产党作为中国先进文化的代表者，在马克思主义中国化、中国特色社会主义建设、实现中华民族伟大复兴的历史进程中，都始终在从中华优秀传统文化中汲取变革的信心和力量，甚至方法与途径。“中国优秀传统文化的丰富哲学思想、人文精神、教化思想、道德理念等，可以为人们认识和改造世界提供有益启迪，可以为治国理政提供有益启示，也可以为道德建设提供有益启发。”中华文化是“建设优秀传统文化传承体系，弘扬中华优秀传统文化”的核心资源，是实现中华民族伟大复兴的基础和信心来源，深得人心，也凝聚了民心。

实际上，中国特色的社会主义新文化包孕着中国传统文化的基因，仁、义、礼、智、信、恕、孝、悌、恭、宽、敏等都融入了新时代的民主、自由、法治等文化体系之中，而一些封建文化的糟粕，如三纲五常则彻底得到了扬弃。

以民本思想为例。民本思想是中国传统文化的根本。孟子明确提出“民为贵，社稷次之，君为轻。”奠定了中国民本思想的基础，但其本意，是为了统治者以得民心而“得天下”。“得天下有道:得其民,斯得天下矣。得其民有道:得其心,斯得民矣。得其心有道:所欲与之聚之,所恶勿施尔也。”孟子以降,一代代士大夫、封建君王都明白“得民心者得天下,失民心者失天下”,所以推崇以民为本的根本目的是为了江山永固,这与中国共产党领导下出现的新时代的民本思想有实质性区别,因为新时代的以民为本本质是固邦为民,是以人民利益为根本,并且是作为中国共产党执政的根本,是把人民赋予的权利服务于人民,从而得到了人民的衷心拥护,立党立国也就获得了牢固根基,这也是中国共产党与世界上其他一切政党区别的根本标志。习近平就汲取了中国传统文化中民本思想的积极方面,要求中国共产党员牢记民为父母:“古人云:‘善为国者,爱民如父母之爱子、兄之爱弟,闻其饥寒为之哀,见其劳苦为之悲。’古人尚知如此,何况我们共产党人?”“民心是最大的政治,正义是最强的力量。正所谓‘天下何以治?得民心而已!天下何以乱,失民心而已!’”

当今世界,和平与发展是主流,区域矛盾和冲突不断,中华民族要实现伟大复兴,就必须由中国共产党带领所有中国人立足中国历史和现实,挖掘中国传统思想文化中与当代中国和未来中国相一致的道德观、价值观和世界观,“明镜所以照形,古事所以知今。”将历史中国、当代中国和未来中国以中国文化连成一线,从而保证中华民族永远走在振兴的大路上,并且保证随着时代的发展而择其善而从,择其不善者而弃,日新日日新,这也是保证中国共产党始终走在正确道路的前提和保证。

社会主义核心价值观是中华文化国际传播的根基

文化具动态性,文化的形成就是一个动态的过程,而文化永远处于形成过程中,处于不断发生发展的过程中,其共时性与历时性具有同一性和统一性。因此,不断汲取与不断释放是文化的常态。而中华文化的生命力,正体现在它始终处于创造性转化、创新性发展之中,这也正是中华文化优秀的根基。

中华文化具有历史性和阶段性特征，中华民族历经数千年发展至今仍焕发着勃勃生机，就是因为形成了恒定的可以作为中华民族身份特征的中华文化，而社会主义核心价值观，则是中华文化在新的历史时期形成的最具有典型性和代表性的成果，“充分体现了对中华优秀传统文化的传承和升华”，是中华文化的新的历史形态和民族精神的具体体现。

源远流长的中华文化历经岁月沉淀，已经融入一代代中国人的心血，成为中华民族的灵魂，代表着中国人的精神追求，是中国之所以成为中国的胎记标识，为中华民族的繁衍生息提供了生生不息的力量，与中华民族的历史沧桑荣辱与共。因此，源自中华优秀传统文化、并代表了中国时代创新要求的中国特色社会主义核心价值观就是承前启后、推陈出新的自然结果，是中华优秀传统文化在新时代的最集中表现形式，得到中国社会、中国人和世界广泛认同，是新时代新中国新力量的高度凝练和集中表现。中国是一个社会主义国家，社会主义核心价值观是中华文化在新的历史发展阶段的先进性体现，是最先进的民族文化和精神的代表。我们所追求的世界和平、国家独立、政治民主、社会平等、人民富裕、司法公正、机会均等，以及人的生存权、发展权，也是人类的共同目标。

“中华优秀传统文化是中华民族的精神命脉，是涵养社会主义核心价值观的重要源泉，也是我们在世界文化激荡中站稳脚跟的坚实根基。”2014 年 10 月，习近平总书记在文艺工作座谈会上说。

社会主义核心价值观，实际上是中国传统文化精华与当代中国、未来中国的发展相结合的产物，是对国家、社会、个人提出的新要求和新目标，既体现了中华传统文化的创新发展需要，也是中国特色社会主义的本质要求，同时也是世界文明与中华文明融合的结果，是中国新时代精神的集中体现，向中国，也向世界说清了中国要成为什么样的国家，要有什么样的社会基础，要靠什么样的人来建设等根本性问题。

文化是软实力，而中国特色社会主义核心价值观则是文化软实力的灵魂，是决定着文化软实力的表现形式和精神面貌的民族基因，因此理应成为组织和发展文化软实力的重点。也就是说，文化软实力建设要以社会主义核心价值观的建设为重心和中心。任何一种文化的软实力，都是在硬实力的基础上所形成的一个国家和民族核心价值观的生命力、凝聚力、感召力，也即习近平总书记所概括的，培育和弘扬社会主义核心价值观是一项"凝魂聚气、强基固本的基础工程"，"如果一个民族、一个国家没有共同的核心价值观，莫衷一是，行无依归，那这个民族、这个国家就无法前进。"这也是文化软实力的精气神和民族精神的经脉。没有核心价值观，将民族无根，国家无魂，民无所依，还谈何民族强大，国家富强？

新时代中国特色社会主义核心价值观首先要入耳入脑入心，要滋养中国人的精神和灵魂，成为中国人自身的血液，"日用而不觉"，化为肌体组织，形成民族实力。因此，要从日常生活中、从一举一动、一言一行中感知、感悟、实践核心价值观，并且要通过教育、制度和法律等引导和规范，使中国特色社会主义核心价值观内化为神，外化为行，形成国民素质、国家品质，并融为世界特质，使中国芬芳，播散于世界。

中华文化崇尚和平、平等，强调尊重主权。中国发展道路基于中国特殊国情，但其所代表的价值理念具有世界性。因此，我们必须旗帜鲜明地向世界说明社会主义核心价值观的历史渊源，从中华文化的深厚积淀中确立中国道路与世界各国发展道路在价值理念方面的共同性和普遍性，并尊重彼此的差异性和特殊性。这是我们基于世界需求要传播的中华文化的基本内涵，也是基本原则。

当一个强大起来的中国走在 21 世纪的圆梦之路上时，中国不可避免地将通过改变自己影响世界，也不可避免地引发世界范围的关注、揣度和怀疑。因此，只有客观地向世界说清楚中国特色社会主义核心价值观与中华文化的内涵，才会让中华民族的复兴之路得到世界范围内更多的理解和支持。

孙宜学

（原载《对外传播》，2020 年第 1 期，有修改）

前言

十八大以来，习近平总书记就加强国际传播能力建设发表了一系列重要讲话，深刻阐释了讲好中国故事，向世界展现真实中国、立体中国、全面中国的重要性、必要性和迫切性。他指出，随着中国日益走向世界舞台中央，我们要不断提升中华文化影响力，把握大势，适应分众化、差异化传播趋势，同时也要创新理念、内容、体裁、方法、手段，借助新媒体传播优势，把中国当代价值观念融会贯通于国际交流和传播的方方面面。

当前，中国已成为世界最大的留学输出国和亚洲重要的留学目的地国，站在新时代的舞台，同济人不忘初心和使命，主动担当、积极作为，以种种创新和探索，缔造了国际学生"立德树人"教育的同济模式。

以第一课堂为支撑，以社会主义核心价值观为引领，构建"理解中国教育"国际学生课程体系

一是跨学科建设多主题课程体系。"当代中国"系列课程采用全英语授课，整合不同学科、专业、学院的优质师资，从人文社科到自然科学等不同视角，开发了国际学生最感兴趣的主题课程。该系列课程被列为教育部来华留学英语授课品牌课程、上海市高校示范性全英语课程，每年选课学生近1 000人。通过这些系列课程的学习，国际学生对中华民族的审美观、价值取向、思维模式、社会历史、文化习俗、社会变革与发展等有了相对全面的了解和客观认知，为培养"知华、友华"的国际学生奠定了基础。

二是理论与案例结合讲好党的故事。"人类命运共同体构建：中外文化比较""'一带一路'文化经典解读"等精品课程充分挖掘课程中的思政元素，尤其尝试通过讲述革命人物、红色物件等以小见大的方式，告诉国际学生中国共产党为什么行、中国革命为什么能胜利，润物细无声，让学生对中国共产党、当代中国有更深入的了解，从根本上扭转了以往留学生课堂刻意回避政治、不善讲党史的局面，从而实现知识、能力、人格的三位一体培养。

三是促进教材内容与理念的与时俱进。为解决现阶段中华文化“走出去”所依托的教材与文化读物存在的更新不及时、表述不充分的问题，我们主编了中华文化国际传播系列丛书（《中华文化之旅》《中华文化问答录》《中外文化国际传播经典案例》《中华文化国际传播：途径与方法创新》），精准对焦中华文化“走出去”的世界需要，通俗易懂。该套教材先后被翻译成英、阿、哈等国语言在海外出版。

以第二课堂为拓展，让中华大地成为国际学生“立德树人”教育取之不尽的宝库、用之不竭的资源

一是扎根中华大地，全面感知中国。“十三五”期间，围绕中华传统文化、红色文化、当代文化三大主题，举办了300多场实践体验活动，参与国际学生多达20 000人次。国际学生走访历史名城，领略中国大好河山；体验中国民俗，感受中华文化经典；走进新农村，了解改革开放的成就；参观现代企业，感受当代中国的发展。他们在中国悠久历史和灿烂文化中，探寻中华民族历经数千年仍然不断进步的奥秘；他们在当代中国社会的日新月异中，探索中华民族从一穷二白变成世界经济大国的活力源泉。最后，国际学生来到了革命圣地，足迹遍布井冈山、延安、西柏坡、遵义等地，在了解了中国革命史、新中国发展史之后，他们终于找到了中华民族“站起来、富起来、强起来”的真正答案——中国共产党。

二是推动互学互鉴，鼓励“第三只眼”看中国。迄今为止，来自90多个国家的留学生化身为“新时代的斯诺”，他们从自身的视角，用自身的语言，将在中国的所见所闻所悟所感纷纷记录下来，在《人民日报》海外版、《新民晚报》、人民网等多家国内外媒体及网络平台上发表文章 1 000 余篇，阅读量高达 18 万。我们从中选取了一定数量的文章，汇编成《国际学生讲中国故事》，并由同济大学出版社出版。

三是培养感恩之心，回馈服务社会。每年都有百余名留学生自发参与社区、街道的“学雷锋”志愿者活动，赴云南云龙、四川宜宾等地开展支教活动。在教授英文课程的同时，国际学生还为当地学生组织了丰富多彩的学生活动，拓宽了当地学生的国际视野。新冠疫情暴发初期，数百名国际学生用中文及本国语言录制了“中国加油、武汉加油”的视频，并上传至 You Tube、Facebook 等媒体平台，成为支援中国抗疫的一道道靓丽的异国风景。

以新媒体为手段，丰富中华文化传播形式，让国际学生“立德树人”的成效传播更广、影响更大、持续更久

一是打造校内首个国际学生思政栏目——“熊猫叨叨”，用青年人喜闻乐见的方式讲中国故事。通过短视频等形式，从国际学生视角出发，全方位、多角度地讲述中国人民奋斗圆梦的故事、讲述中国共产党治国理政的故事。在此基础上，我们将录制的视频投放在 Facebook、You Tube、济仕中文邦、爱中文等国内外多家网络媒体平台，粉丝遍布五大洲，共 185 个国家。

二是建立“以赛促学、以学强赛”的良性循环机制。学科竞赛是国际学生对自身理论知识与应用能力再认知、再实践、再创新的重要途径，也是促进国际社会对中国的理解，构建文化软实力的有效方式。鉴于此，我们积极举办或组织了 10 余种形式多样的竞赛活动，取得了显著成效。乌克兰留学生曾子儒在中央电视台第三届中国诗词大会中脱颖而出，成为白人团中唯一的外国人；由西班牙、土耳其、贝宁、柬埔寨等国的学生组成的“熊猫叨叨——国际学生讲中国故事”团队在第七届中国国际互联网 + 大赛上海赛区总决赛中荣获金奖；中外学生联合组队在 2019 年城市可持续发展领导力与公共政策国际大学生邀请赛中荣膺二等奖。

三是加强校企合作，多方位拓展、多渠道引流，实现国际学生"讲好中国故事"的可持续发展。除了校级拨款、校友捐赠、教改项目外，为增强国际学生讲好中国故事自身的"造血"功能，我们依托企业的资源与技术，对"中国故事"视频进行分级收费；未来我们还计划与文创公司合作，共同开发红色文化周边产品，向海外广大粉丝群体输出，从而保障国际学生讲好中国故事的可持续性发展与不间断影响。

正如习近平总书记在2021年新年贺词中所言："平凡铸就伟大，英雄来自人民。每个人都了不起！"中国在抗疫过程中的一系列措施以及取得的决定性胜利，都在向世界生动地讲述着中国故事。今后，国际文化交流学院将进一步发挥自身的"立德树人"功能，完善以核心课程为主导、模块拓展为补充、实践训练为重点的课程体系，努力培养出具备全方位驾驭国际中文课堂、策划并实施文化交流活动、讲好中国故事的应用型、复合型卓越人才。

陈毅立

2021年2月3日立春

目 录

第一章
语言类课程教学案例

学以致用，济世报国

——以《屠呦呦：一株济世草　一颗报国心》教学设计为例

卞舒舒

一、案例简介

（一）课程和案例的基本情况介绍

1. 课程介绍

该课程为科普汉语阅读课，面向预科医学专业（B班）留学生开设，属于必修课之一。主要目的是让学生通过阅读科普类文章，了解中国和世界的科技发展水平，熟悉与专业相关的研究现状、热点问题，从中国科学家身上加深对中华民族品格的感悟和认知，理解“科学家精神”，在学习中培养和树立自身的职业精神和职业道德。

2. 案例介绍

案例节选自《屠呦呦：一株济世草　一颗报国心》，其中蕴含的文化育人元素为：胸怀祖国、敢于担当，团结协作、传承创新，情系苍生、淡泊名利，增强自信、勇攀高峰。

教学过程分为三个层面：第一，学习重点字词和专业术语。帮助学生拓宽专业知识，提高阅读理解水平，衔接大学的医学课程。第二，了解主人公的具体事迹以及中医药对世界的贡献，品味中国科学家的人格魅力，进而拓展视野，激发对世界科技发展的关注与信心。第三，从科学家身上提炼出科研工作者必备的精神要素和道德准则。逐步提高学生对本专业的客观认识，激发并坚定学生献身医学事业的自豪感和责任感，进一步培养并树立“科学家精神”。

（二）设计意义

这篇文章发表在2019年9月19日的《中国中医药报》，主要介绍了中国药学家屠呦呦女士荣获诺贝尔奖前后的事迹，包括她的科研精神、对事业和家庭的取舍、对待名利的态度。文章穿插讲述了屠呦呦与“青蒿”的不解之缘，从父亲为其起名的出处“呦呦鹿鸣，食野之蒿”到少年时兄长与师长的勉励与教导，再到她从浩如烟海的古籍中找到“青蒿”的价值，她的成长轨迹、精神品格似乎与这株小草形影不离，直至融为一体。“青蒿”并不名贵，也不起眼，可是经过淬炼却能济世救人。这和许多科研工作者的品格很像，默默无闻，甘守清贫，在重重挫折中厚积薄发。

本课程的教学对象为来华留学的医学生。由于专业难度较大，他们或将面临比他人更多的困难、挫折与挑战，在未来的学习、工作和生活中，也会承受更大的压力。因此，有必要让学生了解专业领域典型人物的优秀事迹，了解这些人物的治学态度，从他们的坚韧顽强、自信乐观、无私奉献中得到鼓舞和启发。

二、思路与目标

（一）设计思路

毛主席说过，榜样的力量是无穷的。榜样是旗帜，代表着方向；榜样是资源，凝聚着力量。列宁说，道德教育不能只灌溉美丽动听的言语和准则，还必须通过榜样的带动才能实现。学习具体的榜样典型，往往比接受抽象的原则方法要直观得多，不仅可以感染人、鼓舞人、带动人，还可以将优秀品质人格化、具体化、形象化，把先进作风转化为可触摸、可感知、可学习的鲜活样本，令学习者反复检视自己、透视自己，从而找到自身的问题和不足。

本课程通过展现中国具有代表性的科学家事迹，为留学生树立科研领域的榜样。这些故事生动形象，不但展现了一位位科学家独特的人生经历、学术贡献、学者风采，而且体现了不同时代背景下赋予科研工作者的历史使命，以及在“科教兴国”理念下“科学家精神”所具有的共性。这种对未知领域不断探索的精神，是人类社会持续发展的动力。在“人类命运共同体”的框架下，科研领域的国际交流与合作也将日益频繁，这对于职业精神、专业能力、跨文化沟通有着更高的要求，而本课程正是从“讲好中国故事”入手，润物细无声地给学留生以精神的滋养。以期在不久的将来，他们能与中国学者们携手前进，共同进步，共同发展，为全人类的科学事业做出贡献。

（二）设计目标

1. 知识目标

（1）主人公简介：屠呦呦

屠呦呦，抗疟药青蒿素和双氢青蒿素的发现者，中国中医科学院终身研究员兼首席研究员、青蒿素研究中心主任。1930 年 12 月 30 日出生于浙江省宁波市，其名“呦呦”源自《诗经》中的诗句“呦呦鹿鸣，食野之蒿”。1951 年考入北京大学医学院药学系生药专业，1955 年毕业后到卫生部中医研究院（中国中医科学院前身）中药研究所工作至今。2011 年荣获拉斯克奖临床医学奖，2015 年荣获诺贝尔生理或医学奖，2016 年荣获国家科技最高奖。

（2）抗疟研究的历史背景

疟疾，中国民间俗称“打摆子”，是由疟原虫侵入人体后引发的一种恶性疾病，已经在全球肆虐了几千年。患者得病后高烧不退、浑身发抖，重者几天内就会死亡。

19 世纪，法国化学家从金鸡纳树皮中分离出有效的抗疟成分奎宁；“二战”期间，科学家又发明了奎宁衍生物——氯喹，并成为治疗疟疾的特效药。但到 20 世纪 60 年代，疟原虫对氯喹产生了耐药性，疟疾再次在东南亚暴发。在越南战争中，疟疾成为比子弹、炸弹更可怕的敌人，严重影响了美越双方部队的战斗力。美国为此专门成立了疟疾委员会，投入大量人力物力研究新型的抗疟药物。到 1972 年，美国筛选了 21.4 万种化合物，但都无果而终。应越南的请求，在毛泽东、周恩来的指示下，中国军方从 1964 年起开始抗疟药研究。1967 年 5 月 23 日，国家科委和解放军总后勤部在北京召开“抗疟防治药物研究工作协作会议”。代号为“523”项目的大规模药物筛选、研究在全国7省市展开。截至1968年，参研机构筛选了万余种化合物和中草药，均未取得理想结果。在这种情况下，1969年1月21日，中医研究院受命加入“523”项目。此后，科研功力扎实的屠呦呦被委以重任。

(3) 关键词讲解

《诗经》、青蒿(青蒿素)、诺贝尔奖、攀登、“欲穷千里目，更上一层楼”、皓首穷经、踏实、执着、敢于担当、团结协作、传承创新、情系苍生、淡泊名利。

2. 文化目标

以案例所包含的屠呦呦事迹、抗疟历史背景为基础，以中国科学家不畏艰难险阻的钻研和奉献精神为导向，在系统讲解案例丰富内涵的同时，集中围绕屠呦呦在抗疟研究中孜孜不倦的探索、以身试药的勇气、团结协作的精神、牺牲小家心系苍生的情怀、淡泊名利的风骨，将屠呦呦的个人品质与中华民族顽强奋斗、坚韧不拔、勤劳善良、团结一心的精神品质衔接起来。引导学生结合自身在学业和生活中遇到的挫折进行思考，并针对中国医务工作者和民众在抗击新冠肺炎中的具体事例进行分析，最终让学生达成共识：人类绝非彼此孤立的存在，科学发展是为了人类共同的美好明天。面对困难，要有战胜它的决心与勇气，也要有通力合作、无私奉献的胸襟与情怀。

3. 育人目标

高校要把立德树人作为根本任务，按照“三全育人”的指导思想，在教学中融入思想道德教育、文化知识教育、社会实践教育各环节，把思想政治工作贯穿教育教学全过程，把思想价值引领贯穿教育教学全过程和各环节，形成教书育人、科研育人、实践育人、管理育人、服务育人、文化育人、组织育人长效机制。

(1) 树立严谨、实干的治学态度

屠呦呦皓首穷经，埋在古籍里，收集2 000多种方药、筛选380余种中药提取物，只为快速找到抗疟灵感。在经历了数不清的失败后，还能再坚定地多尝试一次，最终找到用乙醚提取青蒿素的方法，将对疟原虫抑制率提高到100%。这样严谨、实干、孜孜不倦的治学精神正是攻克医学难题的关键品质。一个正确的数据往往是建立在无数次实验试错的基础上。作为医学研究者要有耐心，更要有坚定的决心把工作做好。面对再复杂的课题都要学会条分缕析、一丝不苟、一步一个脚印，戒骄戒躁，守得了初心，坐得了冷板凳。

(2) 树立团结、奋进的团队精神

尽管收获了很多荣誉，但屠呦呦在很多场合不止一次表示过“荣誉属于集体”。正如中国工程院院士张伯礼说：“青蒿素就是几十家科研机构，几百位科学家共同奋斗的结果。这种团队精神永远不会过时！”这种精神，后来被总结为 32 个字：“胸怀祖国、敢于担当，团结协作、传承创新，情系苍生、淡泊名利，增强自信、勇攀高峰”，也被概括为“青蒿素精神”。而这种精神也越来越多地体现在屠呦呦培养出的中医药科研人才身上。

在一些年轻人身上，容易出现“个人主义”或“个人英雄主义”的情况，追求个性和自我，重视竞争却没有团队合作精神。然而在攻克难关的道路上，需要合作和分享，需要胸怀更大的格局。不但要有团队协作精神，更要有组建团队的意识与能力。

(3) 树立勇于实践的科学家精神和敢于担当的职业责任感

屠呦呦在试验环境简陋，没有通风系统、实验防护的情况下，患上中毒性肝炎，此后仍然坚守科研一线。她甘为“小白鼠”，以身试药，确保青蒿素的安全使用。为了验证青蒿素的疗效，不顾安危，第一时间赶去海南疟区现场临床试用。当公共医疗危机爆发时，医护人员往往必须成为“逆行者”和“英雄”深入“危险地带”去挽救每一条生命，收集每一条珍贵的数据。因此，树立勇于实践的科学家精神，以及敢于担当的职业责任感，就是面对危机时的勇气与底气所在。

(4) 大爱无疆，形成“人类命运共同体”的共识

屠呦呦获得诺贝尔奖，正说明科学文明的进步是属于全人类的。在疾病面前，人类的苦难与诉求都是相同的。全球化的世界，动一发而牵全身。尽管各国有着国情差异，但是作为一名医学生，应当以更宏观的视角去看待自己的身份所具有的使

命，为人类的健康谋福祉。

三、具体实施

案例可梳理为两个板块：治学、为人。屠呦呦治学是严谨、执着的，对于科学研究孜孜不倦地追求着，正如胡适所说“怕什么真理无穷，进一寸有进一寸的欢喜”，这正是科研工作者最可贵的坚忍不拔与乐观自信的品格。屠呦呦为人却是低调、淡泊的，面对媒体、声名、荣誉，她一退再退。然而，作为一名教师，九十高龄的她却依然活跃在科研和培养人才的第一线。她身上有着看似对立，实则统一的特质。而这些特质恰好生动地勾勒出了屠呦呦的人格魅力。

教学实施过程：

1. 从屠呦呦的名字说起：一个人的姓名，往往寄托着父辈的期许与祝福。中国人起名，爱在诗词中寻找灵感。《诗经・鹿鸣》是流传千年的名篇，朱熹《诗集传》注：“呦呦，声之和也。”即鹿群此起彼应、和谐悦耳的鸣声，蕴含着愉悦美好、悠然平和的意味。屠呦呦的姓名不但有着美好的意蕴，且“呦呦鹿鸣，食野之蒿”一句也与她日后的研究生涯有着奇妙的联系，可以说是个浪漫又神秘的巧合。

2. 话题引入：展示中草药的照片，问学生是否认识这些草药(能不能猜出哪个是“青蒿”)，是否吃过中药、有过中医治疗经历，觉得中医药的疗效怎么样？在他们的国家，是否也有用草药治疗的情况？

3. 医学知识介绍：疟疾的成因、症状，抗疟的历史背景。

4. 语篇阅读与分析：指导学生逐段阅读，对长句、难句进行解释和分析。要求学生找出屠呦呦的事迹关键词，能理解段落大意，简要复述她的经历，并将她的治学态度与名利观进行对比分析。

5. 交流与讨论：在屠呦呦的事迹中，哪些令你有所触动；你认为科学家和医务工作者面临哪些困难；科学家应该具备怎样的品格与精神；你认为医学界急需解决的问题有哪些；你认为当传染病在全球范围内肆虐时，医务工作者和普通人应有怎样的心态与应对措施。在你的学习和生活中,遇到过什么样的重大挫折,你是怎样克服的;你的职业理想和目标是什么,你打算怎样实现它……

6. 总结:案例的启示——困难都是暂时的,只要坚持不懈、团结协作,人类终将迎来光明和美好的未来。

四、创新之处

本课程所用的语篇都选自科普时文,一方面能加深学生对专业知识的了解,另一方面又给学生提供了一个了解中国国情、制度、科技、文化、观念的窗口。文章皆来自真实事件,可读性强,能激发学生的思考与讨论,润物细无声地给他们以精神的滋养。

五、反思与分析

(一) 教学效果

语篇生词和术语较多,句子结构较为复杂。B 班学生虽具有 HSK 四级水平,但阅读理解上仍存在一定困难,需要事先预习一般生词和专业术语。但是该话题与专业相关,且主人公的身份和经历能令学生产生一定的代入感,能引起阅读兴趣、讨论热情,并结合现实和自身展开思考与畅想,因此总体教学目标可以实现。

(二) 辅助手段

为了增进对人物和语篇的理解,可以播放屠呦呦的新闻采访、人物传记等视频。为了增加课程的趣味性,可以在教学中加入一些直观的教学工具。例如:展示屠呦呦翻阅过的中医药典籍图片,葛洪记载"青蒿"药用价值的原句,更生动地讲解何谓"皓首穷经";展示针灸、草药、捣药杵等实物,让学生尝试泡制养生茶;展示一些中西医结合治疗的案例,让学生进行角色扮演。

辞旧迎新，展望未来

——以《汉语教程》(第二册)第 17 课为例

邓 亮

一、案例简介

(一) 课程和案例的基本情况介绍

1. 课程介绍

对外汉语课程设置中的综合课是留学生学习汉语言的一门主干课程，最全面也最复杂。它不仅包含了词汇和重要语法的学习，也包含了较为广泛的文化知识。本课程的教学对象为已经学习了半年到一年汉语的来华预科留学生。通过该课程的学习，学生可进一步提高听说读写的言语技能和运用汉语进行交际的能力，同时了解相关的中国文化知识，了解中国。

2. 案例介绍

语言是文化的载体，认识一个国家首先要了解这个国家的文化，了解文化的前提是学习并掌握这个国家的语言。本节以《汉语教程》(第二册)第 17 课《把“福”字倒着贴在门上》为例展示怎样通过语言教学传授中国传统文化知识，让年轻的留学生们认识中国，了解中国文化。

(二) 设计意义

党的十九大报告明确提出，要加强中外人文交流，推进国际传播能力建设，讲好中国故事，展现真实立体全面的中国。随着中国经济和科学技术的快速发展、综合国力的快速提升，很多国家掀起学汉语热潮，越来越多的留学生来到中国学习汉语，接触到中国社会和文化生活的方方面面。而丰富多彩的中国传统节日是中华文化的重要组成部分,在所有节日中,春节又是中国传统节日中最盛大、最隆重、最具民族特色的节日,不仅体现出人们辞旧迎新的愉悦心情,而且还体现着尊老爱幼、和谐相处的中华民族传统美德。通过中国传统节日文化的教学,不仅可以使对外汉语教学内容更加丰富生动,引起留学生对汉语学习的兴趣,激发学习热情,提高汉语水平,还可以帮助他们更好地了解中国人民,了解中国。再通过这些留学生向自己在国内的亲朋好友讲述和传播中国传统文化中所蕴含的文化精神及核心价值观,这对于加强中外人文交流、推进国际传播能力、讲好中国故事有着积极的意义。

二、思路与目标

(三)把"福"字倒着贴在门上

(麦克看见王老师家门上贴着对联儿,就问田芳……)

麦克: 田芳,这就是你说的对联儿吗?

田芳: 是啊。

麦克: 门上这个字怎么念?

田芳: 你仔细看看,认识不认识?

麦克: 没学过。

田芳: 这不是幸福的"福"字吗?过春节的时候差不多家家都倒贴"福"字。这样,人们一看见就会说"福倒了",听声音就是"福到了"。

麦克: 哦,那我也去买一些"福"字来,把它倒着贴在门上、床上、桌子上、椅子上、沙发上、冰箱上、洗衣机上、空调上……等着幸福来找我。

(一)设计思路

在汉语学习的初级阶段,综合课是集语音、语法、语篇为一体的课程,对于初学者尤为重要,是为之后学习打下坚实基础的前提。而语言学习和文化学习是不可分割的，语言是物质符号，表现文化的同时也承载着文化的传播，文化渗透到语言的方方面面。因此，在学习汉语的过程中对中国文化的了解是必不可少的。本文选取《把“福”字倒着贴在门上》为教学设计课程，使学生在学习汉语的同时对中国传统文化有一定的了解。课文中的文化背景是中国最重要、最具传统特色的春节，春节包含着各种各样的习俗，如扫尘、蒸糕、放鞭炮、剪窗花、贴春联、倒贴“福”字、吃饺子、拜年、给压岁红包等。本课通过对倒贴“福”字的讲解和对春节中传统习俗的介绍，引导学生更深层次地了解与理解中华文化，同时在介绍和引导学生讨论的过程中帮助他们学习本课的重要词汇和语法，并在此过程中利用课堂活动的教学价值和思政教育价值，提高学生学习汉语的效率。

（二）设计目标

具体案例选自《汉语教程》（第二册）第 17 课《把“福”字倒着贴在门上》，以下具体介绍本课程的设计目标。

1. 知识目标

（1）掌握本课的生词，会认读并会书写，会用常用重点词语造句。

（2）掌握本课重点语法：表达位置移动、关系转移和形态变化等语义的“把”字句。

（3）在理解课文意思的基础上能流利朗读并背说课文。

（4）牢记以“在、到、给、成”做结果补语的动词谓语句必用“把”字句。

2. 交际目标

（1）让学生学会在日常生活中正确使用“把”字句进行交流与表达。

（2）能模仿课文用“把”字句进行交际对话。

（3）了解中国传统节日——春节的文化知识。

3. 育人目标

在汉语教学中借助传统节日的文化教学可以让留学生在学习语言表达和交流的同时认识中国文化，体会中国文化所体现的社会主义核心价值观，感受中国人民尊老爱幼、团结和睦、热情善良、热爱和平、乐观向上等诸多美好品格和高尚情操，使留学生自然而然地理解、接受并认同中国文化、制度，并把他们对中国文化和制度的理解和认同传播出去，让更多的外国朋友了解中国。

三、具体实施

(一) 组织教学

1. 点名、简单问候，稍稍活跃课堂气氛，这样可以集中学生注意力，做好上课准备。

2. 复习上一课所学内容。听写生词和师生问答并及时纠正出现的错误，对上一课知识进行复习巩固。

(二) 开展新课

1. 导入。教师先通过 PPT 展示一首春节童谣：

忙　年

小孩小孩你别馋，过了腊八才是年，
腊八粥香又甜，转眼就是二十三，
二十三糖瓜沾，二十四扫房子，
二十五做豆腐，二十六买酒肉，
二十七宰年鸡，二十八把面发，
二十九蒸馒头，三十晚上熬一宿，
大年初一扭一扭，除夕的饺子年年有。

教师简单解释一下每一句童谣的意思，让学生对春节有一个初步的了解。接下来播放一段有关春节的视频材料。视频内容主要介绍和讲述春节期间的准备活动(俗称忙年)及各种风俗习惯。包括置办年货、扫尘、写对联、贴对联、剪窗花、倒贴“福”字、包饺子、放鞭炮、拜年等。通过视频导入可以快速集中学生注意力，激发起他们的学习兴趣。看完后就视频内容提一些问题，然后进入新课的讲解。

2. 学习生词。教师领读，每个词领读两遍；学生齐读，每个词读三遍，教师纠正发音，直到大部分学生能熟读。

生词讲解。结合 PPT 图片展示讲解生词，通过例句、问答、造句、扩展等方法理解生词，运用所学生词进行表达。教师在讲解生词时尽量用学过的词进行操练，在举例时最好具有实用性，以便学生能在平时生活中实际运用到。

"福"字、对联儿、新春、吉祥、行业、兴旺、哦、可不是、仔细、幸福、倒、声音、椅子、沙发、冰箱、洗衣机、空调、微信

3. 学习课文(三)的对话。

(1) 教师领读课文两遍，学生齐读一遍。教师通过提问检查学生对课文的理解。

如：麦克向田芳提了一个什么问题？

那是一个什么字？

为什么要把"福"字倒着贴在门上？

麦克准备把买来的"福"字都贴在什么地方？

(2) 分组分角色朗读课文。教师在教室巡回检查学生的发音声调，发现问题及时纠正。

(主语+)把+宾语+动词+在/到/给/成+宾语(+了)

(Subject+)把+Object+Verb+在/到/给/成+Object(+了)

我	把	作业	交	给	老师	了。
他	把	书放	在	桌子上		了。
他	把	沙发	搬	到	楼上去了。	
玛丽	把	这个句子	翻译	成	英语	了。

(3) 讲解归纳本课语法点。

(4) 带领学生集体操练。如，老师把门关上，请学生用"把"字句说出老师在做什么。教师通过大量的动作引导学生用“把”字句进行操练，使学习既有趣味性又加强了这一语法知识点的运用。

(5) 带领学生朗读并背说课文。

(6) 布置作业。

(三) 文化导入

由春节童谣和视频引入春节文化的讲解。春节是中国最重要也是最有特色的传统节日之一，俗称“过年”。春节包含着很多传统习俗，在给学生讲解的同时扩展一些相关的词汇。如：扫尘、办年货、蒸馒头、剪窗花、春运、年夜饭、春晚、拜年、压岁钱、红包等。同时向学生介绍中国红，它象征喜庆、幸福、吉祥、兴旺。之所以说春节是中国人最重要的节日，从春运的壮观景象可见一斑(播放一小段春运视频)。告诉学生春节是一个全家团圆的日子，哪怕是相隔千山万水，路途辛苦，中国人都要在春节这一天回家和亲人团聚，一起吃团圆饭。所以说春节不仅是一个节日，还体现了中国人的家庭观、伦理观，体现了中国人乐观向上、对未来美好生活的期待和追求，是中国人感情的抒发，也是一种精神财富。

教师给学生带一些对联儿、“福”字，窗花，通过“把”字句发出指示贴在教室的门上、窗户上、空调上、墙上。再让一部分学生用毛笔在红纸上写“福”字，一部分学生剪窗花，让学生亲身体验。最后教授学生一些新年祝福问候语。如“新年快乐！”“恭喜发财！”“生意兴隆！”“祝你身体健康，心想事成！”“工作顺利！”“祝你学习进步！”并进行拜年表演。这有助于提高课堂教学的乐趣，也有助于学生更进一步理解和体会春节这一传统节日中的中国文化。

(四) 布置任务

1. 完成课后练习，背说课文。
2. 观察日常生活中可以使用“把”字句进行表达的动作，并写下来，越多越好。

四、创新之处

对外汉语教学重在培养学生跨文化交际的意识与能力，对外汉语教育的目的是培养知华、友华的人才，课程思政在教学中的合理运用能有效促进这一目标的达成。本课通过有效利用中国传统文化素材设计教学环节，在进行习俗文化教学活动中遵循实践为主的原则，让学生在参与和实践中更好地理解和学习文化内容，并可以做到将学习的知识和技能运用到日常生活中，完成跨文化交际。在课堂中通过师生互动和生生互动等营造各种互动形式，挖掘其中包含的文化核心和育人意义，在潜移默化中加深留学生对中国文化的认识和理解，增强学生对于中国文化的认同和接受。这正是本课程的创新之处。

五、教学反思

对外汉语教学中涉及的文化内容十分丰富，这就要求教师在对外汉语教学中要强化自身的学习，提高自身的文化知识储备和文化修养，对本国文化有更深的理解，增强跨文化交际意识，还需要在对外交流中用更加直观巧妙的方法使学生产生兴趣，进一步了解中国文化，促进跨文化交流。在对外汉语教学中还要注意合理安排学习顺序，从浅至深，由易到难，让学生更容易理解和学习。

此外，由于对外汉语的教学对象为国际来华预科生，他们来自不同国家，拥有各自不同的民族文化背景，具有一定的特殊性，所以在传统节日的文化教学过程中教师要注意尊重各国不同的节日文化，才会更有利于学习者接受和学习中国传统节日文化，从而增强学习效果并起到国际传播的作用。在将中国传统节日的文化含义和现代的价值观相结合的过程中，要注意掌握在教学活动的比重，结合学生的兴趣和特点，因材施教，于潜移默化、润物细无声中帮助理解认识中国文化和价值观，让学生在语言学习的同时，提升自己思想认识的高度，促进学生从能力到素质的全面发展。

聆听生活，积极向上

——以《汉语听力教程》(第一册)第16课为例

胡方芳

一、案例简介

(一) 课程和案例的基本情况介绍

1. 课程介绍

听力课是语言技能的训练课，但是听力课的教学目标不能仅停留在培养学生听力技能上，还承担着语言知识的讲授任务，应该是语言知识与听力技能同时进行的一门课。

初级阶段，听力课主要解决学生在汉语的语音语调和基础语法两个方面的聆听能力。

本课程所使用的教材为杨寄洲主编的《汉语听力教材》(第一册)。

本课程的语音语调训练，通过丰富的题型训练，如听后填空、听后选择、听后跟读、听后提问、听后回答问题等练习形式，让学生在语流中进行有意义的辨音辨调练习，使枯燥的语音语调练习变得有意义从而能调动学生聆听的兴趣。通过语音语调的训练，能让学生学会分辨正确的语音语调，在交际中听懂对方要传达的信息，同时也可以让学生在学习语音的同时，尽早开口，说出语音语调正确的句子，准确表达自己的意愿。

听力理解部分练习，配合《汉语教程》(第一册)的节奏，在对话及短文中对综合课所学的词汇、语法、话题等，通过听的方式进行复现，并以此为依托，进行拓展。题型上，除了常见的听后选择正确答案、听后判断正误、听后填空、听后回答问题等，本课程还强调听与说、读、写的结合，听后复述、听后跟读、听后写词语等练习方式使学生“耳”“口”“手”都动起来。

2. 案例介绍

本案例以《汉语听力教程》(第一册)第16课为样本，从教学目标、教学实施、教学反思三大部分进行教学设计。设计过程中始终贯彻语言知识与听力技能并重的原则。

教学目标分为：知识目标、交际目标以及育人目标三个方面。

教学实施分为：组织教学、复习旧课、讲解新课、小结和作业四个大的环节。其中讲解新课部分将核心内容分为“语音语调练习”与“听力理解练习”两大板块，每一板块的教学分为听前、听中、听后三个环节。每个环节根据教学内容与目标下设若干教学步骤。

“语音语调练习”部分，通过听前让学生先读，听中让学生选择，听后再跟读这样三个环节，旨在让学生听懂正确的语音语调，并能说出正确语音语调的句子，使“听”与“说”、“听”与“读”结合。

“听力理解练习”部分，听前通过对综合课语法与词汇的回顾，把学生头脑中已有的语言知识调动起来，为后面的听力做好铺垫；然后通过对四个选项的阅读扫清词汇方面的障碍，并引导学生听的过程中掌握要重点聆听的内容；听中选择正确答案，听后分析选择这个答案的原因，引导学生对听到的内容进行分析，完成从输入到输出的过程。

在解决学生语音语调问题的基础上，充分调动教材中的文化因素，比如在教学过程中通过隐性教学的方式，完成对学生的思政教育这个育人目标。

(二) 设计意义

1. 明确教学目标，使知识目标、交际目标以及育人目标铭记于心。

2. 确定各环节所用的大概时间，方便教师把握教学节奏。

3. 教学结束后进行教学反思，针对授课过程中的心得、问题进行记录，总结教学过程中的闪光点及问题，为下一轮的教学积累经验。

二、思路与目标

（一）设计思路

听力课教学一般将教学过程分为听前、听中、听后三个阶段。

《汉语听力教程》是配合《汉语教程》的一本听力教材，对综合课起着很好的辅助作用，听力课中的各项练习也是对综合课所学的生词及语法以听的方式进行复现。因此在听前阶段，要对综合课第16课所学的生词、特别是语法进行简要的回顾与总结，激活学生的已有知识，引导学生将听力的重点放在相关的生词及语法上。

听中主要提升学生的语言知识及听力技巧；听后要回顾及总结本课听力过程中解决的问题，以及学生出现的问题。

本教案的设计便是按照听前、听中、听后这个三个环节来进行，每个环节又下设各个教学步骤。

（二）设计目标

1. **知识目标**

（1）句重音的练习

a. 句重音的练习：听出句重音并正确跟读句重音；

b. 能根据听到的句重音进行快速提问；

c. 在回答问题时能正确地说出句重音。

（2）对话练习

能够利用综合课第16课所学的词汇、语法知识，在对话中听出什么人在什么时间做了什么事，并能正确地听懂要回答的问题。

（3）语音语调练习

a. 能够在语流中分辨声母 g、k，韵母 an、ang 的区别；

b. 在语流中分辨出声韵母相同词语的不同声调。

2. 交际目标

(1) 能够在与朋友的聊天中听懂对方关于活动安排的表述,听懂其中的时间、做某事的频率等;

(2) 能够听懂对方针对活动安排上的关于时间、频率的提问并作出合适的回答。

3. 育人目标

引导学生对自己的日常生活进行合理的、积极向上的安排,并传输给学生健康的生活习惯。

三、具体实施

(一) 教学程序

本课计划用 4 课时完成。

第 1～2 课时,完成句重音练习、听力理解练习;

第 3～4 课时,完成语音语调练习,课外练习。

(二) 教学实施

第 1～2 课时

1. 组织教学(3～5 分钟)

点名,跟学生聊一聊晚上、周末常常做什么,引导学生回忆第 16 课所学的词语与语法,如:你晚上常常做什么? 你常去超市买东西吗?

2. 复习(3～5 分钟)

讲评上次课的作业。

分析学生听后填空中写错的汉字,比如"照"字丢掉"口"、"可"与"司"混淆。

3. 句重音练习(一、听后快速提问;四、句重音练习)(35 分钟左右)

(1) 听前:提醒学生句重音是在句子中读得很重且稍微拉长的词语,通过"我中午去食堂吃饭"这句话,让学生感受不同的句重音所传递的信息是不同的,提问的方式也不同。

我中午去食堂吃饭。(不是去见朋友/你中午去食堂做什么?)

我中午去食堂吃饭。(不是去饭馆/你中午去哪儿吃饭?)

我中午去食堂吃饭。(不是早上也不是晚上/你什么时候去食堂吃饭?)

我中午去食堂吃饭。(不是我的同屋/谁去食堂吃饭?)

(2) 听中:为了降低句重音练习的难度,将“四、句重音练习”这一部分提前,按照先找出句重音,然后根据句重音提问的顺序来进行。

第一,先听“1.听后标出句重音并跟读”;如“他常看电影”,边听边画出句重音,要求学生快速回答出句重音。如果学生回答错误,教师可以用对比法让学生再次辨认,如“他常看电影”“他常看电影”“他常看电影”,通过不同的重音让学生感受到录音中的重音所在。

第二,“回答下列问题(注意答句的重音)”,如“你什么时候回国?”

在问句中,疑问代词是重音,回答问题时重音自然落在回答的信息上,如“我明天回国”。

第三,回到第一部分“听后快速提问(注意句重音)”。如:“我星期天去银行。”让学生听后快速提问,提问对了,可以进行下一题;回答错误,原因可能有两个:一是没有听懂句重音,二是听懂了句重音但是不知道怎么提问。这时可以问一下学生句重音是什么,再提示学生怎么提问。

(3) 听后:总结句重音的规律。

4. 听对话,选择正确答案(40 分钟左右)

(1) 导入:复习综合课第 16 课的语法“时间词语做状语”。

通过聊天的方式进行,引导学生回忆第 16 课综合课所学的主要语法及词汇:

你晚上常做什么?

你星期六和星期天常去公园吗?

你常上网查资料吗?

(2) 听前：

a. 先让学生读一下选项，为接下来的听扫清障碍。

b. 提醒学生关注四个选项的异同。

比如第1题的四个选项“A.医院 B.银行 C.商店 D.邮局”的相同之处是地点，所以听的时候要着重听地点，但是四个地点是不同的，跟地点有关的结构常常是“什么人去(在)哪儿做什么”，所以做笔记时，如果听到一个地点，应该把相关的人和事件记录下来。

c. 提醒学生做笔记，根据选项的不同，听的时候所做笔记有所偏重。

(3) 听中：

a. 听第一遍，让学生先把十个对话完整地听一遍，先独立做出自己的选择。

b. 听第二遍，逐个检查学生的答案。

选错的同学，问一下为什么选这个；大家都做对的题，也要提问听到了什么让他们选择这个，避免答案是乱猜的，学生在说的同时也复习了已有知识。

听后：针对学生做错的题，分析原因。

选错的原因应该有两个：①对话内容没听懂；②所问的问题没听明白。

如果是没听懂对话，要考虑是因为生词的问题还是句法结构的问题，针对不同的问题进行不同的练习。如果是生词的问题，可以把这个生词板书出来，让学生认读，并根据这个生词让学生再说个句子；如果是句法结构的问题，可以根据这个句法结构再给学生举几个例子。

如果是问题没有听懂，比如可能把“上午”听成了“下午”，所选答案便会完全不同，这时可以提醒学生仔细听问题，让学生重复一遍问题，这样学生可能会做出正确的选择。

(4) 听后：再次总结本课的听力重点：S + T + V + O。

5. 总结与布置作业(2～3分钟)

再次提醒学生本课的语法重点，听的时候注意“什么时间做什么事情”。

作业：课外练习“听后填空”。

第3～4课时

1. **教学任务**

(1) 完成语音语调的练习，包括三部分："选择你在句中听到的词语""选择你听到的句子""听后标出声调"；

(2) 课外练习，听后填空(写词语)。

2. **教学实施**

(1) 语音语调练习(45分钟)

a. 选择你在句中听到的词语(10分钟左右)

该题一共包含10组词语，1～5组听辨声母 g\k，6～10组听辨韵母 ian/iang 的区别，如：

1. A. kèkǔ　　B. gēwǔ

6. A. yànzi　　B. yàngzi

听前：先让每个学生读一组词语，检查学生的发音对不对，发音不对的要立即纠正，因为如果发音不对，听力过程中也会很难选出正确的答案，

听中：前5组和后5组分别集中听，找出学生的问题 g/k 还是 ian/iang，以便做有针对性的练习。

如果是 g/k 的问题，可以用一张 A4 纸让学生感觉送气、不送气的区别。

如果是 ian/iang 的问题，可以从 an/ang 入手，发音的最后，舌尖停放的位置不同。

听后：辨音有问题的学生集中练习，如果问题比较严重，可以给有问题的学生留作课后作业，下课后纠正。

b. 选择你听到的句子(10分钟左右)

同样是听辨声母 g\k、韵母 ian/iang，只不过是用句子的形式进行，如：

A. Tā tài jiānyìng le.

B. Tā tài jiāngyìng le.

教学步骤跟(1)相同。

c. 听后标出划线词语的声调(20分钟左右)

这部分一共10个句子,如:Wǒ mingnian huíguó.

这一部分的教学可以直接进入听中阶段。

听中:这部分的教学逐句进行。在学生标出正确声调之后,请他读一下这个句子;如果声调标错,请他将自己标的声调读一下,再听一下录音中的声调,必要时老师可以重复录音与学生标出的声调,将二者进行对比,便于学生发现其中的问题。

听后:根据语句的意思进行听后说的拓展练习。

如果这个句子中的词语都是学过的,可以引导学生说出这句话的意思,或者进行适当的对话练习,如"Wǒ mingnian huíguó"这句话中,每个词语都学过,可以问学生这句话的意思,并问学生"你什么时候回国",进行听后说的练习,既能激活学生已有的汉语知识,又能活跃课堂气氛。

(2) 课外练习:听后填空(3分钟左右)

根据学生的作业情况,进行错别字的讲解。

(3) 布置作业(2分钟左右)

第17课的对话练习,听后写出所选的正确答案,并写出所听到的内容。

四、创新之处

1. 句重音练习部分,本教案打破了教材原有的编写顺序,将所有涉及"句重音"的练习整合到一起,按照"跟读—回答—提问"由易到难的排列顺序,将句重音练习的难度降到最低。

2. 注意语言知识与语言技能的结合。在听力过程中,既注重学生语音、词汇、语法等语言知识的讲授,又在听力练习中训练学生相应的听力技能,如:先读选项再听,根据选项的不同内容对听力内容进行不同侧重的聆听,做笔记也要据此进行,不能面面俱到。

3. 听力技能与其他技能相结合，让学生在提高听力的同时，将所听进行不断的输出，让学生说出或写出所听的内容，不但活跃了课堂气氛，更能调动学生的各种感官，让学生全身心地投入课堂中。

4. 注意挖掘教材中可以与思政教育相结合的题材。汉语教学不能偏离语言教学目标，初级阶段的汉语教学，特别是听力这个课型，学生开口的机会很少，没有专门的教学环节进行思政教育。思政教育只能见缝插针，融于听力教学的某一环节中。而本课的听力教案，根据"时间词语做状语"这一重点教学内容，从学生的生活起居入手，引导学生培养健康向上的生活态度，如"每天早上吃早饭""晚上常常运动"等；语音语调练习部分，更是利用"Chōu yān bù hǎo"这个句子对学生进行正面的教育，同时也针对学生提出的中国老人抽烟的问题、大学生抽烟的问题，对其原因与现状进行正面解释，消除学生因为不了解中国而产生的误解或疑惑，维护我们的国家形象。

五、教学反思

(一) 如何利用好课堂上的"任务外互动"，使之为教学所用

课堂教学过程就是师生、生生互动的过程，新西兰的 Rod Ellis 从互动方式上将课堂互动方式分为四种，其中"任务外的互动"是指偏离预定教学目标的互动，也是吴勇毅所讲的"非预设事件"中的一种。这种互动如果能为教学所用，往往会收到意想不到的效果。

比如课堂上由"chōu yān bù hǎo"这个练习"chouyan"声调的听力题，引发了学生的问题："老师，听说中国有很多老人抽烟。""同济大学的学生抽烟吗？"如果老师随便打发了学生，继续沿着教学的主线进行，当然没问题。但是如果能好好利用这个话题，面对十七八岁的青少年学生，正是他们人生观价值观还没有完全定型的时期，同时又是留学生，对中国的了解停留在皮毛甚至是道听途说的阶段，可帮他们树立正确的价值观"抽烟不好"，同时树立中国的正面形象"现在抽烟的人越来越少"

“越来越多的公共场合不允许抽烟”。这样利用短短三五分钟的时间，既能帮学生树立正确的价值观，又能维护我们国家的正面形象，还能活跃课堂气氛。

（二）对于听力教材编写的启示

1. 听力教材的编写可以将语言教学与思政教育“一箭双雕”，有意识地将思政教育融入听力的语言材料中。如“早睡早起身体好”“一日之计在于晨”等谚语便可在早期的语音教学阶段加入进来，在练习语音语调的同时，让学生学到健康积极向上的生活态度，同时也增加了听力课的趣味性。

2. 教材编写时，语音语调的练习不要“眉毛胡子一把抓”，要分步骤、有针对性地进行，比如本课练习的重点是声母 g\k、韵母 ian\iang，这样每次课集中练习一到两组，更容易发现学生语音方面的问题，并进行有针对性的纠正。

春风化雨，润物无声

——“初级汉语口语”课程中的“立德树人”探索与实践

黄晓静

一、案例简介

（一）课程和案例的基本情况介绍

1. 课程介绍

本课程为留学生语言学习的主干课程之一。教学对象为汉语零起点的海外预科留学生。旨在通过课程的学习培养学生的汉语交际能力、汉语综合运用能力，同时帮助其了解相关的中国文化知识。

2. 案例介绍

由于初级阶段学生的语言水平有限，学习到的语言知识较局限，仅为“衣食住行”等与生活密切相关的部分表达。因此在“初级汉语口语”课堂教学中，我们巧妙地结合课文中的语言知识，融入当代中国在衣食住行方面的新发展、新变化，以及当代中国人的新风尚、新面貌，以语言为载体导入文化因素，全方位、多角度地展现一个立体、丰盈、现代的中国。本文以“初级汉语口语”第四课《多少钱》为例，展示如何在讲授语言知识的基础上，介绍中国的支付宝和微信等电子支付手段，向国际学生展现当代中国科技的创新力量以及中国民众的便捷生活。

（二）设计意义

在刚接触中文及中国文化的国际学生眼中，中国的主要标志是长城、故宫、京剧、剪纸、功夫、中医等。不可否认这些都是中国传统文化的精髓，但新时代的中国名片远不止这些。中国的桥、中国的路、中国的车、中国的网、中国的港，这一个个超级工程后面是一个日渐强大的中国，一个创造奇迹的中国。此外，高铁、扫码支付、共享单车和网购还被列为中国的“新四大发明”，这些惠及普通民众的成果，更应该为当今世界的人们所了解、所熟知。文化因素的导入应该从语言教学初级阶段开始，从留学生学习我们的日常对话着手，让他们在语言学习的同时，了解中国人怎么想和怎么做。因此，在初级阶段的口语课程中融入中国的时代因素，展现中国人民追逐梦想、实现梦想的道路，有着重要的意义。在提升留学生语言水平的过程中，塑造中国国家形象，实现知识教育与思政教育双重效益，培养知华、友华的高素质的国际友人。

二、思路与目标

（一）设计思路

在初级阶段的口语课中，精心挖掘和选择课程思政所需要的教学材料，选取契合的话题，融入对当代中国正能量、先进性的表现。如在讲到某一具体语言知识时，在讲练、复练语言点的基础上，可展开必要的文化扩展与讨论，以此彰显当代中国的核心价值观，并引导留学生了解并逐渐理解中国的优秀文化内涵，真正做到“润物细无声”。以《初级口语》（第一册）部分课文为例，可结合的思政教育导入如下：

	课文	结合思政类的文化导入	意义
1	《你好》	中国人见面问候的方式	展现中国的礼仪
2	《你吃什么》	外卖现象在中国的流行、“光盘行动”	展现中国互联网技术的发展、配送服务的优化、人民勤俭节约的好风尚
3	《多少钱》	微信、支付宝等支付方式的普及	展现中国互联网技术的发展、金融市场的繁荣、人民生活的便捷
4	《你去哪儿》	中国人出行方式的多样化，特别是高铁、共享单车等	展现中国的基建实力、人民生活的便捷
5	《她病了》	中国的抗疫故事	展现中国力量、中国精神、中国智慧和中国效率
6	《你喜欢哪个》	淘宝等购物网站、“双十一”	展现中国互联网技术的发展、金融市场的繁荣、人民生活的便捷

（二）设计目标

具体案例选自《初级口语》(第一册)第四课《多少钱》课文(二),以下具体介绍本课程的设计目标。

1. 知识目标

(1) 掌握汉语中人民币的单位及表达方法“块、毛”。

(2) 掌握汉语中的“数+量+名”短语结构。如:“一个面包”“两瓶可乐”。

(3) 掌握汉语中的选择问句“A 还是 B”。如:“微信还是支付宝?”

2. 交际目标

(1) 能用“……多少钱”“……怎么卖”实现询问价钱的功能。

(2) 能用“可以……吗”实现征求意见的功能。

(3) 能使用“支付宝”“微信”“扫二维码”等词语完成手机支付的交际任务。

(4) 育人目标:让国际学生了解当代中国的购物场景及电子支付方式,感受到中国民众生活的便捷以及中国科技进步和社会发展的伟大成就。使国际学生在学会语言表达的同时,内心对中国特色的社会主义道路、理论、制度和文化产生认同,对中国充满信心。希望他们在不久的未来能把这种文化信心传递到国外,在海外进一步完善中国的国际形象,让越来越多的人了解中国、喜欢中国。

第四课《多少钱》课文(二)

(学校门口的便利店 In the convenience store near the school)

ā màn dá　miàn bāo duō shǎo qián yí gè
阿曼达：面包多少钱一个?

fú wù yuán　bā kuài
服务员：八块。

ā màn dá　wǒ yào yí gè
阿曼达：我要一个。

fú wù yuán　hái yào bié de ma
服务员：还要别的吗?

ā màn dá　kě lè zěn me mài
阿曼达：可乐怎么卖?

fú wù yuán　liǎng kuài wǔ yì píng
服务员：两块五一瓶。

ā màn dá　lái liǎng píng　yí gòng duō shao qián
阿曼达：来两瓶。一共多少钱?

fú wù yuán　yí gòng shí sān kuài
服务员：一共十三块。

ā màn dá　kě yǐ yòng shǒu jī fù ma
阿曼达：可以用手机付吗?

fú wù yuán　kě yǐ　wēi xìn hái shì zhī fù bǎo
服务员：可以。微信还是支付宝?

ā màn dá　wēi xìn
阿曼达：微信。

fú wù yuán　nǐ sǎo zhè ge èr wéi mǎ
服务员：你扫这个二维码。

ā màn dá　hǎo
阿曼达：好。

三、具体实施

(一) 展开新课

1. 学习课文(二)的生词

教师领读和学生齐读各一遍,教师纠正发音。要求学生最好能不看拼音,培养学生记忆和认读汉字的能力。通过提问或造句的方式着重练习词语的搭配及扩展。

面包、别的、怎么、卖、两、瓶、来、可以、还是、用、微信

2. 学习课文(二)对话

先教师领读,再请学生朗读(可每人读一句或分角色读,也可根据学生具体情况齐读或领读,教师纠正发音)。读后老师通过提问检查学生是否理解课文内容。提问举例:

面包一个多少钱?/阿曼达要几个面包?/可乐怎么卖? 她要几瓶可乐?/一共多少钱?/她用微信还是支付宝付?

3. 背诵课文(二)对话

给学生4～5分钟自由练习时间,请学生脱离书本进行角色扮演。

4. 在提问中练习句型

句型:……多少钱、……怎么卖、可以……吗、……还是……。

提问举例:

在你的国家,一个面包(一瓶可乐、一斤苹果)**多少钱**? 在你的国家,面包(可乐、苹果)**怎么卖**? 上课可以吃东西(喝水、睡觉)**吗**? 在你的国家,**可以**用微信(支付宝)**吗**? 你喜欢吃牛肉**还是**鸡肉? 你们下午有综合课**还是**口语课?

5. 扩展表达训练

请学生仿照课文(二),用"……多少钱""……怎么卖""可以……吗""……还是……"等句型,完成有关购物的交际对话,训练学生的语言综合运用能力。

（二）文化导入

由“微信”“支付宝”“二维码”展开讨论，由于本学期情况特殊，一直进行线上教学，大部分学生身处海外并未来过中国，没有机会接触并了解中国目前的电子支付方式，教师通过文本资料及实际购物场景的影像资料向学生展示这种便捷的购物方式。

“电子支付”在中国

“Electronic Payment” in China

在中国，电子支付十分发达。上自五星级酒店，下到路边的小吃摊，几乎每家商户都可以实现电子支付。出门不用带钱包，但一定要带手机，已经成为中国人民的共识。电子支付方式有很多种，其中支付宝和微信最受中国消费者欢迎。只要商家或消费者提供一个支付的二维码，对方扫描这个二维码就可以实现支付。这种支付方式大大方便了人们的生活。

Electronic payment is very prosperous in China. From five-star hotels to roadside food stalls, almost every merchant can make electronic payments. It has become a common understanding of the Chinese people that you don't need to take your wallet when you go out, but you must take your mobile phone with you. There are many electronic payment methods, among which Alipay and WeChat are the most popular among Chinese consumers. As long as the merchant or consumer provides a QR code for payment, the other side can scan the code to achieve payment. This way of payment greatly facilitates people's life.

之后可询问国际学生目前他们本国的主流支付方式，并请大家比较电子支付和纸币支付的优劣。教师本人以现身说法，介绍“微信”“支付宝”给自身工作和生活带来的便利，让学生切实感受科技进步给中国社会带来的发展变化。

（三）布置任务

1. 选取某些物品，请学生调查在本国这些物品的价格，并换算成人民币，下节课用汉语给大家分享，之后一起比较各国的物价。

2. 有条件的学生可去某个中国商店以电子支付方式用汉语交流购买商品。

四、创新之处

在2016年的全国高校思想政治工作会议上，习近平总书记强调："要用好课堂教学这个主渠道，思想政治理论课要坚持在改进中加强，提升思想政治教育亲和力和针对性，满足学生成长发展需求和期待，其他各门课都要守好一段渠、种好责任田，使各类课程与思想政治理论课同向同行，形成协同效应。"从最初的思政课程到现今的课程思政教学改革，其教学对象几乎都是中国学生，教学方案的设计和实施大都是针对本国学生制定的。

我们汉语国际教育的教学对象是以汉语为第二语言的国际学生，本身就具有一定的特殊性。而本课程的教学对象是汉语基础几乎为零的国际学生，对中国语言和中国文化都知之甚少，因此初级阶段的语言课程中深挖其中隐含的文化基因和育人点，提炼出思政主题，既能让初级阶段的留学生觉得贴近生活有话可说，又能巧妙地融入中国文化和价值观、新风尚和新面貌，使学生在语言进步的同时，提升自己思想认识的新高度，这正是本课程的创新之处。

五、教学反思

在生词学习过程中，应要求学生提前做好预习工作，避免在生词串讲的过程中花费过多时间，给每个学生开口的机会，因人而异地调整问题的难度。

文化导入部分在整个语言教学课堂中的占比应把握好，既不能喧宾夺主，也不能蜻蜓点水。导入的分寸也要把握好，不能让学生产生抵触心理。

直面抑郁，笑对生活

——以“医学汉语”课程第15单元精神卫生部分的教学为例

李　凰

抑郁症常被称为“情绪感冒”，说明它很常见，全球几乎每7个成年人中就有1个是抑郁症患者。根据世界卫生组织（WHO）统计数据，2020年，抑郁症已成为人类仅次于心血管疾病的第二大疾病。那么，抑郁症到底有什么表现呢？

抑郁症与一般的“闹情绪”有着本质的区别，它综合起来有三大症状：情绪低落、思维迟缓和运动抑制。具体来讲，第一，情绪低落就是高兴不起来，多愁善感，甚至悲观绝望。第二，思维迟缓，主要表现为记忆力差，思考问题困难，特别是兴趣与愉悦感丧失。第三，运动抑制，包括精力减退、总有疲乏感、不爱运动、浑身发懒、走路缓慢、言语少等。

除此之外，抑郁症患者还会出现诸如睡眠紊乱（失眠、睡眠浅、早醒）、食欲下降、性功能减退、体重下降、便秘、全身疼痛不适等非特异性躯体症状。

值得一提的是，具备以上所有典型症状的患者并不多见。很多患者只具备其中的一点或两点，严重程度也因人而异，有时很难与“心情不好”区分开来，这也正是抑郁症常被忽视的原因之一。但是，抑郁症具有昼重夜轻的变化规律。如果病人上述的不适早晨比较严重，下午或晚上有部分缓解，那么，患抑郁症的可能性就比较大了。

抑郁症患者由于悲观厌世，严重时很容易产生自杀的念头，而其思维逻辑基本正常，实施自杀的成功率也很高。据研究，抑郁症患者的自杀率比一般人群高20倍，社会自杀人群中大概有一半以上是抑郁症患者。因此，关注抑郁症、积极防治抑郁症是摆在每个现代人面前的重要课题。

一、案例简介

（一）课程和案例的基本情况介绍

1. 课程介绍

“医学汉语”课程是为来华学习医学专业的预科留学生开设的主干专业课课程，其主要教学目的是培养医学专业留学生学习该专业所急需的汉语听说读写技能，帮助留学生掌握医学专业的汉语基本词汇、构词法及常用的表达方式等，使之能够顺利进入本科院校进行相关专业的进一步学习。

2. 案例介绍

该案例为“医学汉语”课程最后一单元——第 15 单元精神卫生单元的组成部分之一，该课程前 14 单元一直关注的都是人类的身体疾病。在精神健康问题日益突出的今天，课程也适时切入这一部分内容，引导学生关注这一常见心理疾病的主要症状表现及非特异性躯体症状和一般常说的“心情不好”有何区别，探究、思考在全世界生活节奏日益加快、个体压力普遍加大的今天如何积极防治抑郁症，关爱抑郁症患者，为个体的身心健康、家庭健康、社会健康，乃至整个世界的健康而努力。

（二）设计意义

健康是人类永恒的主题，也是社会进步的重要标志。随着时代的发展，现代社会的生活节奏日益加快，几乎每个人所承受的心理压力都空前加大，这种空前的精神上的压力已经导致很多个体在身心方面出现了不少问题，进而带来了一系列的社会问题。针对这一社会发展过程中出现的新问题，2016 年《“十三五”规划》纲要中已明确提出要全面推进“健康中国建设”，2017 年 10 月 18 日，习近平同志更是在十九大报告中将“健康中国建设”正式提升为国家的发展战略，其后党中央、国务院分别进行了一系列的决策部署，积极推进从以治病为中心向以健康为中心转变的实现，以期早日全面提高人民群众的健康水平。希望通过该案例的教学，引导学生自主学习，在学习中领会与思考“健康中国建设”，并为建设“健康世界”而努力。

二、思路与目标

(一) 设计思路

抑郁症已经成为一种严重危害和影响人类生活质量的常见心理疾病，该病不仅让患者自身备受煎熬，极其痛苦，对患者的整个家庭乃至全社会都会带来很大的影响和危害。而时至今日，在全世界仍有相当数量的人对这一疾病近乎一无所知，甚至充满了误解和偏见。涉世尚浅的年轻留学生对这一问题更是知之了了。因此有必要通过本文的学习，引导学生对这一问题给以充分的、正确的认识，以帮助他们应对未来可能出现的问题，积极防治抑郁症在自身的发生，同时对于抑郁症患者能够给予足够的理解和关爱，以助全人类的和谐健康发展。

(二) 设计目标

1. 知识目标

(1) 汉语知识：能够利用常用句式顺利表达相关医学知识。

(2) 专业知识：能够通过授课教师进一步深入浅出的讲解，切实掌握抑郁症的主要症状、探讨抑郁症的常见病因及如何有效防治。

(3) 读写技能：能够通过阅读找到所需关键信息，并能概括出文章大意。

2. 育人目标

(1) 关注抑郁症：对日益影响人类生活的抑郁症给予充分的、正确的认识和关注。引导学生理解，抑郁症也是一种疾病，患上这种心理疾病的患者其自身非常痛苦，同时这种痛苦还会严重影响其整个家庭的生活和幸福，进而影响全社会、全人类的发展，因此需对这一心理疾病给以充分的关注。

(2) 关爱抑郁症患者：生活在压力空前巨大、抑郁症横行的今天，每个个体都有患上抑郁症的可能，因此我们首先要对抑郁症给予充分的、正确的认识，积极防治抑郁症在自身的发生。同时也要理解抑郁症患者的痛苦，不排斥、不歧视他们，对抑郁症患者给予一定程度的关爱，以助他们早日回到正常的生活、学习、工作中，为全社会、全人类的健康发展贡献自己的一份力量。

三、具体实施

首先通过引导学生结合自身及身边亲戚朋友的生活经历、相关报道等，初步感知很多心理疾病其实就在我们身边，甚至已发生在我们自己身上(而我们可能并不自知)，因此其离我们并不遥远。而后通过学习文章进一步了解，为什么说抑郁症是离我们最近的心理疾病，其主要症状表现有哪些，又可能会表现出哪些非特异性躯体症状，其与"心情不好"的主要区别是什么；最后通过资料搜集、相关阅读及讨论等进一步思考抑郁症的病因可能有哪些，应该如何积极防治抑郁症，如何关爱抑郁症患者，如何为建设一个健康的人类共同体而努力。

具体实施过程如下：

1. 引导学生通过复习回顾发现前 14 单元学习的内容都是关于人体的生理疾病的，而人的全面健康，不只包括身体上的健康，更包括心理上的健康。而随着社会的发展，很多个体在心理方面的问题日益凸显，早在 2016 年中国的"十三五"规划中已提出要进行"健康中国建设"，以全面提高人民群众的健康水平。因此本单元将对心理疾病方面的问题也给以一定的关注。

2. 通过图片展示及教师介绍，引导大家结合自身及身边亲戚朋友的生活经历、相关报道等，初步感知常见的心理疾病有哪些，其离我们是远在天边还是近在眼前。

通过思考及师生共同讨论发现，我们每个人都或多或少会有一些心理方面的问题，比如我们常说的强迫症、拖延症、焦虑症、失眠症等。很多学生争相表示自己也有这些方面的问题，比如考试前一晚会多次检查准考证、护照、铅笔、橡皮等物品是否真已准备妥当，出门前会一再确认房门是否已锁好，作业会经常拖延到最后一刻才匆忙完成提交，若是近期有重要的考试等会很焦虑，晚上会经常睡不着觉，等等。通过这种讨论引导学生发现很多心理疾病其实就在我们身边，甚至已经在我们身上发生，而我们却常不自知。

3. 引入课文"离我们最近的心理疾病——抑郁症",引导学生通过阅读发现,为什么说抑郁症是离我们最近的心理疾病。

因为其常被称为"情绪感冒",也就是说其像感冒一样常见,而在全球几乎每7个成年中就有1个是抑郁症患者。根据世界卫生组织(WHO)最新统计数据,2020年抑郁症已成为人类仅次于心血管疾病的第二大疾病,同时据世界卫生组织最新估计,到2030年,抑郁症将成为困扰人类的头号疾病。因此,为了个体、家庭,乃至全社会和全世界的健康发展,我们必须对抑郁症给予足够的重视。

4. 那么抑郁症的表现到底有哪些呢?引导学生通过阅读,寻找到关键信息:综合起来说,抑郁症主要表现为三大症状:情绪低落、思维迟缓和运动抑制。

接下来授课教师通过具体举例深入浅出地阐述抑郁症的具体表现,以帮助汉语水平还极其有限的留学生真正理解抑郁症的症状及其与一般的"闹情绪、心情不好"的区别。

(1) 情绪低落:主要表现为在相当长的时期内总是高兴不起来,但又常说不出具体的让其伤心难过的事情,有时候会非常悲观绝望,觉得生活在这个世界上极其没有意思,甚至是一种罪恶,因此自身时常感觉非常痛苦,严重时会产生自杀念头甚至付诸行动以求解脱。

(2) 思维迟缓:主要表现是记忆力变差,思考问题比较困难,对于一些相对来说非常简单的问题,也会需要较多的时间才能想明白;有时在跟别人交流时,很难理解对方的话,也很难表达清楚自己的意思,因此在社交上会产生一定的障碍,长久下来可能对社交产生恐惧,不愿意出门,不愿意跟人交流。

(3) 运动抑制:主要表现为总是觉得很累,经常感觉全身乏力,不喜欢活动,走路比较缓慢,也不爱说话等。整个人总是呈现出一种没有活力,没有精神的状态。

除了上述这三类主要症状外,抑郁症患者还可能表现出哪些症状?要求学生阅读第三自然段。

在这一段,主要需要学生理解何谓"非特异性躯体症状"。所谓"非特异性躯体症状”指的是并非针对躯体出现的（可能是精神上的）、没有一定规律的症状。比如说患者可能会出现诸如失眠、睡眠很浅，有一点儿声音就会醒来，或者睡眠时常处于半睡半醒的状态，早上很早就醒来，然后再也无法入睡等睡眠紊乱的情况；也可能总是没有胃口，不想吃东西，因此会出现体重减轻等症状，还可能出现便秘，经常感觉全身疼痛，特别是头疼等问题，但到医院检查时，其身体各器官常并无异常，这些症状或感受，常是因压力太大、过于焦虑等精神因素所导致。

5. 是否所有的抑郁症患者都会出现上述症状呢？其与一般常说的“心情不好”如何区分？要求学生阅读第四自然段，并找到问题的答案。

通过阅读，学生发现，并不是所有的抑郁症患者都会同时表现出上述各症状，很多患者常只表现出其中的一点或两点，每个人的严重程度也常不同，有时很难与“心情不好”区分开来。但是很重要的一点是，抑郁症具有“昼重夜轻”的变化规律，如果病人的症状表现出这样的规律，那么则很可能患上了抑郁症。

6. 患上抑郁症的患者经常会悲观厌世，这种情绪严重时会导致患者产生自杀的念头甚至付诸行动以求解脱，且因其思维逻辑基本正常，其自杀成功的几率很高。那么我们究竟应该如何积极防治抑郁症在自身的发生？如果身边有患有抑郁症的亲戚朋友，我们又该如何关爱帮助他们呢？

通过网络资料的查找及共同讨论，大家认识到若要有效防治抑郁症在自身的发生，日常生活中一定要注意保持身心健康，以平常心面对身边人和事，以乐观的心态去面对生活，面对压力时积极调整自身的情绪，凡事尽力而为，不要给自己过大的压力，日常生活中尽可能抽出时间多运动，以预防抑郁症的发生。

当然抑郁症的发生远非仅因个体的自身情绪控制、抗压能力不佳等因素导致，相关研究表明包括抑郁症在内的很多精神疾病的发生都是由患者所处的家庭、社会环境等外在因素与患者自身的生理遗传因素、神经生化因素等内在原因相互作用所导致的。

若是怀疑自己已患上了抑郁症，那么在初期就要充分重视，可积极寻求心理医生的帮助；若是已发展为较为严重的抑郁症，除了进行心理咨询外，必要时还要遵从医生的诊疗意见，配合药物等手段进行治疗，以避免其不断加重，影响自身的工作和学习乃至整个家庭的生活和幸福。

作为抑郁症患者的亲人朋友，在关爱他们时，请把他们当正常人看待，平日如果条件允许的话，可以多拉他们出去活动活动；抑郁症患者往往很怕见人、与人交流，这时候请一定保持耐心，多劝几次；活动尽量不要涉及剧烈运动，因为很多抗抑郁药物都具有镇静作用，会极大消减人的体力；一些禁忌性的内容也不要涉及，因为失败会让抑郁症患者更加感到沮丧。陪他们一起吃饭、聊天、晒太阳、散步、读书、逛街、逛博物馆都会是不错的选择，如果对方不愿意讲话，请不要逼迫，静静地陪着就好。

四、创新之处

本案例注重将知识讲授与学生的生活实际相结合，将疾病与自身及身边人的亲身经历、相关报道结合起来，使枯燥的专业知识学习变成触手可及的感同身受。同时引导学生在学习中体会、思考，身体健康和心理健康都是人的全面健康的重要组成部分，随着社会的发展，很多心理疾病需要得到充分、正确的认识，然后才能进行有效的防治，只有人全面健康了，才有可能建设全面健康的社会和世界，才能促进人类共同体的健康发展，而这需要我们每个人的努力。

五、教学反思

通过本案例的学习，学生对抑郁症这一常见心理疾病有了一定的认识和了解，也对其他常见心理疾病有了初步的认识，并能够积极思考如何应对心理疾病在自身及家人朋友身上的发生、如何关心爱护身边患有抑郁症的患者等，以促进人类共同体的健康发展。但受学生汉语水平和授课汉语教师外语水平及医学专业知识水平所限，很多更深层的交流还做不到。

面对挫折，永不言弃

——以《桑兰的微笑》的教学设计为例

李海燕

本文选取《发展汉语・中级综合Ⅱ》的课文《桑兰的微笑》为教学内容，总结凝练其中蕴含的文化育人元素为：面对挫折，永不放弃。在教学活动中，从汉字、词语、语法、课文、课后阅读和作业等各个方面引入"面对挫折，永不放弃"这一坚强、勇敢、乐观向上的精神品质。同时结合当下的一些实例，将中国人面对新冠疫情所表现出来的坚强、勇敢、积极的精神和团结的力量引入教学中，引导留学生在中外文化比较的基础上感受中国人面对困难、挫折，甚至是灾难时表现出来的勇敢与坚强。

一、案例简介

（一）课程背景介绍

该课程面向全校2019级各个学院各个专业的本科留学生开设，属于公共基础课之一。主要培养目标是让学生通过规范的汉语语言文字知识及相关文化内容的学习，在了解中国传统文化和现当代发展状况的同时，全面提升留学生的汉语综合运用能力，为学习专业打下坚实的语言基础。

（二）立德树人的价值

在对于《桑兰的微笑》①这一课的整体优化设计中，结合具体的教学内容，深入挖掘教材、补充资料及实践活动中的文化育人元素，总结凝练为：面对挫折，永不放弃。

① 武惠华.桑兰的微笑//发展汉语・中级综合Ⅱ[M].北京：北京语言大学出版社，2017：45-59.

采用汉字词语本体论、观看短视频与讨论、搜集资料、撰写观后感等教学方法，将文化育人内容贯穿课堂教学活动各个阶段，充分发挥课程的文化育人功能。在此基础上，实现语言应用能力提升与文化育人的融通，使留学生在发展和提高运用汉语学习专业综合能力的同时，进一步了解中国传统文化和当代中国国情，成为“知华友华”的人才。

二、思路与目标

（一）理念和思路

公共汉语课程具有知识性与人文性的统一、语言与文化的融合，以及覆盖广与学时长等特点，这使得公共汉语教学天然地具备思政教育的功能。课程思政的教学理念恰好能为“友华”的培养目标提供重要的导向保障。[①] 随着学历学位留学生人数的增加，在公共汉语课中实施课程思政改革，全面挖掘其中的文化育人资源是十分有必要的，而且可操作性强，主要体现在以下几个方面。

第一，公共汉语课的教学内容中蕴含着丰富的传统文化资源。首先，汉字是记录汉语的符号系统，是中华文化最重要的载体，是中华文化的“基因”，千百年来，中华民族的风俗礼仪、社会历史、伦理道德、哲学思想、审美精神几乎都隐藏在一个个汉字的构形中。通过对汉字构形的历时追溯和科学分析，对汉字字形进行文化阐释，发掘其中蕴含的丰富文化内涵，极大地发挥汉字本体的文化功能。其次，教材课文及练习中涉及古代文献的部分可以体现诸如道法自然、天人合一、仁爱诚信、正义大同等传统文化中的核心思想理念。最后，中高级汉语出现的成语故事等题材的内容均蕴含着诸如精忠报国、孝悌忠信、礼义廉耻等中华传统美德。这些素材都是值得挖掘的文化育人元素。

第二，公共汉语课的课文内容融合了众多当代中国国情及文化内容。在继承传

① 杨昱华.“课程思政”在对外汉语教学中的探索与实践[J].教育观察，2019(05)：98-100.

统文化的同时，我们更应该立足当代，关注国情，传播和弘扬中国当代社会取得的伟大成就和感人事迹。本课程教材中的课文，今古兼具，以今为主，全方位地展现了当代中国社会生活。这些当代题材的综合课文材料均选自当前中文期刊报纸或者文学作品，内容具有时代特色，并具有较厚的人文性。这样兼具语言与文化培养功能的素材给教育者提供了较大的发挥空间。诸如背景知识、作者介绍、相关问题探讨、课文内容理解，注释讲解、习题习作讲评等诸多环节都可以发现有价值的文化育人元素和教学内容的相通点。

总之，“文化知识育人”的教学理念恰好能为“知华友华”的培养目标提供指导方向。教师应该充分挖掘公共汉语课中蕴含的文化育人资源，将文化知识育人的思政观念贯穿于整个教学过程中，在传授汉语语言知识中强调文化内容的引导，通过汉语语言与文化知识的学习，潜移默化地引导留学生了解并逐渐理解中国的优秀文化内涵，同时尽量彰显当代中国的核心价值观。

（二）目标的制定

1. 知识目标

（1）生词(52 个)；语素(2 个)：界、众；重点词语(12 个)：勇敢、绝望、艰难、勉强、甚至、简直、如此、股、授予、不曾、成千上万、疲倦。

（2）语言点(5 个)：“V 到……头上来”“V1 也 V1 不得，V2 也 V2 不得”“V 不得”“A 跟 B 过不去”“应邀”。

2. 交际目标

（1）能熟练运用本课新学字词和语言点进行表达或交际。

（2）能熟练运用“不能肯定”的表达方式：不知道/说不好/说不准/恐怕。

（3）能熟练运用“担心”的表达方式：为……担心/要是……怎么办/让……担心。

（4）能熟练运用“相信”的表达方式：相信/错不了/会……的。

（5）能熟练运用“希望”的表达方式：希望/恨不得/能……就好了。

3. 文化目标

以教材第四课《桑兰的微笑》为基础，总结凝练其中的文化育人元素，即“面对挫折，永不放弃”。在教学活动中，从汉字、词语、语法、课文以及课后阅读和作业等各个方面引入“面对挫折，永不放弃”这一坚强、勇敢、乐观向上的精神品质。同时结合当下的一些实例，将中国人当前面对新冠疫情所表现出来的坚强、勇敢、积极的精神和团结的力量引入教学中，引导留学生在中外文化比较的基础上感受中国人面对困难、挫折，甚至是灾难时所表现出来的勇敢与坚强。

此外还要熟悉“桑兰”“中国青少年发展基金会”“四川‘5·12’大地震”“希望小学”“打翻五味瓶”等文化知识，让留学生能够更好地了解当代中国。

三、设计与实施

根据课程思政教改的要求，结合公共汉语课的教学要求，对于《桑兰的微笑》中文化育人元素的挖掘贯穿在整个授课过程，主要从传统文化因素和当代中国国情两个方面从课程导入、字词、课文、练习、阅读、体验等六大育人载体中进行整理归纳。将学生在过程中的表现，特别是讨论和成段表达环节纳入平时成绩中。具体教学组织实施及教学方法如下。

（一）课程导入中的文化育人元素（观看视频）

1. 带领学生观看时长一分半的视频《桑兰》①，让学生了解主人公的基本情况，初次体验主人公的不幸经历和勇敢坚强的性格特点。

2. 通过提问的方式导入课文：你之前听说过桑兰这个名字吗？她是一个什么样的人？她是在什么时候受的伤？怎么受的伤？这次意外怎样改变了她的人生？她是如何面对人生的不幸的？

---

① 视频资源选自：https://baike.baidu.com/item/桑兰/663499? fr=aladdin.

（二）汉字词语中的文化育人元素(汉字形体文化导入)

1. “勇”,本作勈,或作恿。形声字。从力,甬声。从力,与力气有关。本义:果敢,胆大。

2. “勇”字及其声符“甬”的字形源流演变如下图①。

3. 从古文字字形可以看出:第一,“勇”字或从心取义,或从力取义,均与全身心投入、全力以赴有关。第二,“勇”字的声符“甬”,通过古文字字形中的金文形体可以看出,表示的是田间的开口处,可以使水从此缺口流通,原指田间的水道,也用于道路两旁的通道或者下水道,现在扩大为一般的通道。因此,“勇”字的形体像是描写了战争或者比赛中的一名前锋,凭借顽强的毅力,拼尽全力,克服重重困难,突破重围,取得胜利。这个字形正是本文的主人翁“桑兰”的真实写照:前半生,桑兰经过艰苦的训练和磨练,成为世界瞩目的奥运冠军,成为人生的赢家;遭受不幸之后,她身残志坚,顽强面对,克服各种困难,笑对人生,成为人生的强者。

（三）主体课文中的文化育人元素(讨论法)

1. 在通读课文之后,设定问题,组织学生分组讨论。

---

① 汉典网.字形源流[OL].https://www.zdic.net/2020-06-12.

2. 桑兰受伤后的表现怎么样？你怎么评价桑兰的表现？桑兰在日常生活中到底遇到了什么样的困难？她是怎么克服的？她笑对人生的背后隐藏着什么？是什么精神在支撑着桑兰？

3. 通过上述问题,引导学生结合课文总结精神品质:面对挫折,永不放弃。

4. 人的一生不可能一帆风顺。在生活、学习、工作中都会遇到各种挫折,一个人遭受挫折、面对不幸时,只要有迎难而上、百折不挠的意志,最终都会战胜挫折。

5. 作为留学生,在中国生活、学习中遇到挫折和困难,你们是怎么面对的,讨论分享观点。

(四) 课后练习中的文化育人元素(语言点及表达方式)

结合课文内容,利用本课学习的四种表达方式和提示完成对话。引导学生利用本课的语言点和表达方式表述出桑兰的不幸经历和她身上体现出来的让人感动的勇气和力量。具体如下:

A:如果你是桑兰,只能一辈子坐在轮椅里,你还会笑得出来吗?

B:____

(不能肯定回答,说明为什么)

A:是啊。桑兰伤得那么严重,该有多痛苦啊!

B:____

(表示担心:命运跟……过不去)

A:十一年过去了,事实证明桑兰确实很有勇气。

B:____

(表示同意,提到桑兰的表现和"小毛驴倔劲"有关系)

A:我觉得桑兰在今后的日子里会越来越坚强。

B:____

(表示相信)

（五）阅读材料中的文化育人元素（结合当前实例）

1. 通过设定“桑兰为什么不愿意回忆1998年7月21日发生的事，桑兰算了一笔什么账，桑兰坚强的背后你又可以看到什么”等问题，引导学生自主阅读桑兰的博客中的一篇文章，让学生谈谈读后感，引导总结其中所体现出来的坚强面对、永不放弃的勇气和精神。

2. 结合当下的一些实例报道，如“武汉战疫纪”“致敬最美逆行者”“为你们，33种方式说谢谢”等，将中国人当前面对新冠疫情所表现出来的坚强、勇敢、积极的精神和团结的力量引入教学中，引导留学生在中外文化比较的基础上感受中国人面对困难、挫折，甚至是灾难时所表现出来的勇敢与坚强。

（六）文化体验中的文化育人元素（实践活动）

因为疫情，无法组织学生参观活动，故将走出课堂、拓展学习部分设计如下：

1. 观看残疾人表演的舞蹈《千手观音》，了解更多像桑兰一样坚强的中国残疾人。体会当今中国社会中的典型人物所表现出来的坚强、勇敢与乐观向上的精神。

2. 了解一下“中国残疾人联合会”这一组织，知道更多关于中国残疾人的情况。或者让留学生介绍自己国家的一个类似的人物形象，找出其中的异同。

3. 通过观看视频的方式，了解武汉封城以后，武汉人民所表现出来的伟大与坚强，以及中国人众志成城抗疫的团结力量。

4. 下次课，把自己了解到的上述三种情况带回课堂，跟大家分享。

四、特色与创新

（一）传统文化与当前国情的融入

公共汉语课的培养目标是通过规范的汉语、汉字知识及其相关文化知识的学习，发展和提高汉语学习者的汉语语言应用能力、尽快适应运用汉语学习专业的综合能力，同时进一步了解中国传统文化和当代中国发展状况，逐渐成为“知华友华”的使者。首先，课程通过汉字的形体导入中华传统文化中坚强勇敢的传统美德；其次，注重与当前中国面对的疫情结合，从实例导入中国人面对灾难时所表现出来的团结和力量。

（二）文化知识育人观念贯穿整个教学过程

教学对象很多是“一带一路”沿线国家的留学生，他们是倡议的见证者或直接的参与者，更是中国特色社会主义价值观的体验者与传播者。如何将文化育人元素导入整个教学过程，探索在多文化、多价值共存的留学生课堂教学中发挥文化育人“润物细无声”的作用是重中之重。基于此，从教学计划的制订、教案的设计，到教学活动的实施，以及教学反思，均将课程文化育人的内容进行挖掘和纳入。

（三）改革和完善课堂教学评价体系

首先，在教学目标上，每堂课的教学目标除了知识目标、交际目标以外，还增加了文化育人元素的目标。其次，教学评价和学习效果上，除了单一的成绩测试以外，要向人文素质、责任感、自信心等多维度衡量倾斜。例如，平时成绩中增加体现优秀传统文化和社会主义核心价值观表述的评分标准。

（四）课内学习与课外体验相互结合

针对当前疫情和线上教学的实际情况，结合教学内容，在课余时间，充分利用网络资源向留学生进行宣传，引导学生观看有价值的视频或者文章，并布置课后作业，及时跟进课后检查和下节课的课堂讨论。

五、反思与分析

（一）教学效果

文化育人内容部分的教学效果主要有：一是留学生对汉字形体文化中所蕴含着的中华传统美德部分表现出了浓厚的兴趣。一致认为以前学习汉字和词语，只会采用死记硬背的方式去记忆汉字和词语，从来没有想到汉字的形体是如此的有意思，汉字的形体蕴含着这么多的文化内容。利用如此形式的讲解，不仅有利于学生理解汉字，记住汉字，而且还在潜移默化中让学生了解汉字形体背后所蕴含的中华民族的精神品质。二是结合当前疫情的部分。已经回国的同学，都建议说，应该多增加这部分的内容，他们很感动，通过这些内容，他们学到了面对灾难时应有的勇敢与坚强。目前仍在中国的同学，有的说："我现在在同济大学，我觉得现在中国是最安全的地方。"有的同学说："我现在在宿舍，我相信中国政府，一定会克服这个困难。我们全世界人民一定要团结，互帮互助，共同面对。"

（二）注意事项及改进思路

以后选择实例时，应该注意偏重与同济相关的例子，更多地体现出课程思政的同济特色。例如在挖掘具体抗疫实例中的先锋模范人物感人事迹时，可以选择一篇介绍同济大学附属医院医护人员参加武汉抗疫的实例，因为班级中有医学院的学生，这样更加具有说服力和感染力。

课堂交流，视野拓宽

——以“语言学基础”的课程教学为例

刘运同

一、案例简介

（一）课程和案例的基本情况介绍

1. 课程介绍

“语言学基础”是面向汉语言专业的国际学生开设的选修课，课程向全校开放。根据学院制定的课程大纲，“语言学基础”的目的在于介绍语言的基本理论和基础知识，帮助学生了解语言学对汉语作为外语教学的作用，培养学生进行语言分析与研究的基本能力。主要内容包括语言学的现状、语言的本质、语言的结构、语言内部各分支学科以及语言外部各学科、语言教学和文字等问题。课程以胡壮麟、李战子主编的《语言学简明教程》（第二版中文本）为教材。

2. 案例介绍

案例记录和分析发生在“语言学基础”课程学习过程中的一个小事件，由学生作业引起的、未经事先准备的讨论。

（二）设计意义

发生在专业课程学习中的非正式的讨论对学习者的专业知识学习以及学生综合能力的提高都是非常有帮助的。

二、思路与目标

(一) 设计思路

教学活动是由教师和学习者共同完成的事件，既有严格按照教学计划和教案进行的规定，在实际过程中也有不少偏离教案的小型事件发生。因此，除了对教学计划和教案等的关注，也需要对偏离既定目标活动的关注，并充分利用这些活动的教学价值以及其中隐含的思政教育价值。

(二) 设计目标

1. 知识目标

"语言学基础"有一讲是关于文字系统的①，目的在于帮助学习者了解不同语言的文字系统，理解文字系统与语言系统的关联。

2. 文化目标

除了与一种语言的系统存在一定的关联以外，文字系统与一个国家和地区的历史和文化存在密切的关联。通过学习可以了解不同国家或地区文化的传统。

3. 育人目标

了解不同国家和地区的文化传统，有助于形成批判性思维和开放的文化心态。

三、具体实施

本课程虽然是为国际学生开设的语言学基础课程，但对全校学生开放。2019—2020学年的课程有一名中国学生正式注册听课，一名中国学生旁听。中外学生一起学习就增加了互相学习的机会，我们在教学中也充分利用了这种教学资源。

具体到本案例的实施，在教授一些基础知识以后，我们布置了一个作业，要求不同国家的学生介绍一下自己国家的文字系统。在第二次上课时，不同国家的学生介

① 第10章《文字系统》，出自：胡壮麟、李战子，主编.语言学简明教程[M].2版.北京：北京大学出版社，2013年：163-178.

绍了自己国家(或者自己比较熟悉的文字系统,这样做是因为有些同学来自同一个国家)。经过同学的介绍,我们了解了柬埔寨文字、蒙语文字、俄语文字等不同的文字系统。当然中国学生经过精心的准备,介绍了汉字的发展、特点等。

除了从语言文字的角度来学习和理解各个国家的文字及差异,中国学生也注意到,其实一些国家的文字书写起来也是很漂亮的,如柬埔寨文字。教师作为课堂的组织者,面对这种情形,引入了一个新的话题:如何看待汉字书法?是否可以说只有汉字的书写才能产生书法?请注意,这个话题并不是教师事先就设计好的,而是由课堂教学情景临时引发出来的。当然,并非很多学生都熟悉或者对这个话题感兴趣,但是一些同学提到,在他们的国家,文字的书写可以跟汉字一样发挥其实用以外的功用。

关于中国书法的地位和作用在中国也存在争议,我们的课程与讨论无意加入(也不应该加入)其中,但是这样非正式的讨论让学生扩大了视野,了解了更加丰富的信息。其实对于老师来说,这种讨论也是十分有收获的。中国出版的关于书法的一些书籍,宣称"书法是中国的国粹。从古到今,世界上的文字种类不下千种,它们的功用首先在于记事传言。人们写字时也讲求写得美观,甚至带有艺术意味,出于特定的需要,还写花体字和美术字,但许多文字都未能演化出一种独立的艺术门类。惟有汉字的书写,在用于日常书写之外,更上升为一门特别的高等艺术"①。站在全球的视野看,这种看法值得商榷。

除了增加相关的知识,帮助学习者养成开放的心态也是学习应有的要义。

四、创新之处

从上面的案例实施过程可以看出,各种专业课程中都可能存在有意义的思政教育因素,关键在于教师能否善于发掘,积极利用。

① 陈廷祐.中国书法[M].北京:五洲传播出版社,2003:1.

本案例的创新之处在于我们并非在进行教学设计之初就设计好了相关的思政教育目标,并详细设计完成了步骤,而是在教学实施过程中,充分利用课程发展过程中出现的机会,利用较少的时间,在扩展知识内容的同时也同时完成了思政教育的任务,而不是另设其他的环节来进行专门的思政教育。

五、教学反思

(一)教学效果

由于是根据教学过程产生的机会来进行知识扩展和非正式的讨论,国际学生能够最大限度参与教学活动。既做到了知识目标和思政教育的统一,也实现了教学过程中以学生为中心的理念。总体来说,学生比较喜欢这种教学方式,并表示收获很大。

(二)注意事项及改进思路

由于我们的案例以教学中出现的事件为契机,就对教师提出了更高的要求,教师要广泛阅读,了解相关的知识内容,并熟悉教学对象——外国学生和中国学生的知识背景,这样才能使非正式的讨论有价值。

当然这样的活动也要结合整个教学内容和要求,分清主要内容和次要内容,避免在一些枝节问题上花费太多时间。这要求教师对整体教学内容有较好的把握。

以讨论为主的学习方式,要求学生有积极参与的欲望,有丰富的知识储备,因此非正式的讨论也不宜经常进行,应与有准备的讨论相结合。

中外融通，文明互鉴

——以“汉语词汇教程”课程中的词汇和文化教学为例

潘海峰

一、案例简介

(一) 课程和案例的基本情况介绍

1. 课程介绍

课程是面向汉语言本科(汉语国际教育方向)三年级留学生开设的，属于必修课程，主要目的是通过本课程的学习，使国际学生了解现代汉语词汇的全貌，掌握现代汉语词汇的特点和有关词性、词义、词与词的关系、词汇与文化等基础理论知识，从而在学习汉语词语时具备全局观念，掌握一定的分析现代汉语词汇的能力，熟悉各类词汇在语言表达上的作用，提高对现代汉语词汇的运用能力，最终达到熟练掌握、灵活运用汉语的目的。

2. 案例介绍

案例选取课程第十三章“词汇和文化”(本课程所用教材为《汉语词汇教程》，万艺玲，北京语言大学出版社)，共分三个小节：(1)汉语词汇和中国社会发展，从汉语词汇的变迁看中国社会发展、变化的痕迹。(2)汉语词汇和中外文化交流，文化的交流必然会带来语言的接触，语言接触在词汇中就表现为汉语中出现外来词以及汉语某些词的外借；这种词汇的借入和借出体现了中外文化交流的两个方面。(3)汉语词汇和中外文化差异，从同一概念的不同词语表征与同一词语蕴含义的不同所显示的文化差异两个维度来讲授，并从语言的接触与融合、文化的交流与互鉴角度进行深入阐释。

（二）设计意义

语言是记录和传承文化的重要手段，是文化的重要载体。而语言中的词汇是构成语言的最基本要素，是语言得以独立存在的根本前提。词汇具有地域性、民族性与社会性的特点。同时词汇又是语言中最活跃的要素，直接反映出语言社会的发展与变迁。不同民族、不同国家、不同区域之间的接触和交流必然会引起该民族、该国家或该地区语言的变化，这种变化在语言的词汇中表现最为明显。语言中的词汇可以说是社会变迁与文化交流的一面镜子。

通过汉语词汇的变迁看中国社会发展变化的痕迹；通过词汇的借入与借出看中外文化交流的历史渊源，彰显文化自信；通过中外词汇显示的文化差异及其原因分析了解文明交流互鉴的重要性及深远意义。通过本章的学习，使学生明白文明的多样性和差异性是客观存在的，文明互鉴是不同文明之间相互交流借鉴，进而融合融通，最终达到共同发展与提升的目的——“文明因多样而交流，因交流而互鉴，因互鉴而发展。”

二、思路与目标

（一）设计思路

语言中的词汇及词汇化的程度反映了使用该语言的人们对客观世界认识的深度和广度。人们对客观世界的认识与其地域特征、生活环境密切相关，因此不同民族、不同国家、不同语言之间词汇空缺、词义蕴含差异是客观存在的。不同地域、不同民族、不同国家之间的经贸往来和文化交流是必然且经常发生的，而这势必引发语言的接触，语言的接触在词汇中表现为借入和借出两种，不管是借入的词汇还是借出的词汇最终都会融于本族语中；不同地域、不同民族、不同国家之间词汇的融合又反过来使文化的交流更加密切。除了地域特征和生活环境，人们对客观世界的认识还与其思维方式、风俗习惯、历史发展、价值取向等因素相关，因此不同语言中，表征同一概念词汇项的词义范围和同一词语的附加意义/文化意蕴可能会有所不同，秉持开放与包容的心态，理解并正视这种差异，才能实现真正意义上的文明交流互鉴。

（二）设计目标

1. 知识目标

（1）了解词汇发展与生活环境、社会变迁的关系，从词汇变迁中可以看到社会文化变迁的痕迹。

（2）掌握不同地域、不同语言中词汇差异的类型，并了解差异产生的原因。

（3）掌握汉语中词汇借入、借出的形式及其背后的文化原因。

（4）分析不同语言中表征同一概念的词汇差异与同一词语所蕴含的不同附属意义，并了解其反映出的文化差异。

2. 交际目标

（1）能讲述词汇变化的原因与类型。

（2）能阐述中外词汇的接触与融合的途径与类型。

（3）能例举不同语言中词语意蕴所显示的文化差异。

（4）能阐释文化交流互鉴的意义。

3. 育人目标

（1）词汇具有社会性特征，词汇的发展与社会文化的发展有着密切的联系，词义的变化与一个社会的物质生产活动、社会活动以及人们的观念息息相关，一部词汇史就是一部斑斓多彩的社会历史图卷。词汇具有民族性特征，语言中的词汇及词汇化的程度反映了使用该语言的人们对客观世界认识的深度和广度。人们对客观世界的认识与其地域特征、生活环境密切相关，因此不同民族、不同国家、不同语言之间词汇空缺、词义蕴含差异是客观存在的。要正视这种差异，具有开放包容的心态，秉持“各美其美，美人之美”的理念，才能做到“美美与共，天下大同”。

（2）语言是文化的载体，是人际沟通的桥梁，社会经贸往来和人文交流必然会带来语言的接触,而通过语言接触,另一个民族的文化就会在不同程度上留驻在本民族语言系统中。在中国历史的各个时期,语言的接触是经常发生的,这种中外文化的交流,在词汇中就表现为汉语中出现外来词以及汉语某些词的外借。词语的借入和借出体现了中外文化交流的两个方面。语言接触与文化交流是双向的,互通有无、取长补短。践行“一带一路”势必带来沿线国家语言的接触和融合,而沿线国家语言的接触与融合又会反哺“一带一路”,能更好地实现沿线国家间的“互联互通”——政策沟通、设施连通、贸易畅通、资金融通、民心相通,进而建立“人类命运共同体”。

(3) 语言是人类用于思维和交际的最重要的符号系统,语言中的词汇及词汇化的程度反映了使用该语言的人们对客观世界认识的深度和广度,而人们对客观世界的认识与其生活环境、思维方式、风俗习惯、价值取向等因素相关,因此,不同语言中表征相同概念范畴的词语意蕴可能会存在差异,这些差异也正体现了人类文明的多样性和差异性,“和实生物,同则不继”,文化因多样而交流,因交流而互鉴,因互鉴而发展。

三、具体实施

(一) 词汇变迁与空缺

1. 词汇变迁与社会发展

词汇的发展与社会文化的发展有着密切的联系,从词汇的变迁可以看到社会发展、变化的痕迹。可以说,打开词汇史就可以看到一部斑斓多彩的社会历史图卷。

例如,中国古代桑蚕业、丝织业高度发达。在中国古代字典《说文解字》中有关丝和丝织品的词特别多,并且有根据新旧(如:绐、绡等)粗细(如:絮、纩等)、有无花纹(如:绫、缦等)、颜色(如:绢、缃、纨、素等)等的细致分类。另外,汉语中一些表示颜色的词在古代多与丝织品有关,如“红”指丝织品赤白色,“绿”指丝织品青黄色,“紫”指丝织品青赤色,“缁”指丝织品黑色,“绀”指丝织品微带红色的深青色。

再如,在中国古代畜牧时代,当时的人们主要驯养马、牛、羊、猪、狗、鸡六种动物,尤以马为最多,它们在人们的生活中占据了相当重要的地位,因此当时关于这六种人类驯养的动物的专名达 109 个之多,其中马的专名就有 51 个。可是,畜牧时代已过,很多关于马、牛的词都从汉语词汇系统中消失了。

目前,人们的很多生活内容都与网络联系在了一起,与数字联系在了一起,因此与网络有关的词语就频繁出现在人们的日常生活中。总之,旧词的消失、新词的出现,正是社会变化的一面镜子,从中我们可以看到社会文化变迁的痕迹。

2. 词汇项空缺及其原因

语言中的词汇及词汇化的程度反映了使用该语言的人们对客观世界认识的深度和广度,而人们对客观世界的认识又与其生活环境、思维方式、风俗习惯、历史发展、价值取向等因素相关,因此,不同语言之间出现词汇项空缺是必然的。

比如,我国盛产竹子,反映在语言中就是不仅用"竹"作偏旁的汉字很多,由"竹"构成的词语也很多。"笋"是竹子初从土里长出的嫩芽,成语"雨后春笋"意指春天下大雨后发出来的竹笋,而且一下子就长出来很多,比喻新生事物迅速大量地涌现出来。而英国不产竹子(bamboo 是借词),因此,语言中就缺乏这方面的本族词汇。英国气候多雨,伦敦还叫"雾都",因此,英国的 mushroom 得到迅速的生长。所以,英国人就爱用"like mushroom""to mushroom"来描述某个事物生长迅速,发展蓬勃兴旺。与之相应,"雨后春笋"用英语表达就是"spring up like mushroom"。

再如,由于地域环境等方面的影响,在中国境内栖居的大型猫科动物是老虎,中国人将老虎看作百兽之王,是最为威猛的野兽,用"虎"来表示勇敢、凶猛、威严,将勇猛的将领比作虎将,将气势高涨的军队比喻做"虎虎生威"。由"虎"构成的词语也很多,如"虎视眈眈""放虎归山""谈虎色变""如虎添翼"等。而在西方人的眼中,狮子才是最为勇猛的动物,英语中"lion"是百兽之王,是勇敢、凶猛、威严的象征,将勇敢的男子比作雄狮。英语中还有许多与 lion 有关的习语,如:"come in like a lion and go out like a lamb."

当然,不同语言之间的词汇项空缺体现在方方面面,如,与中国人饮食文化相关的元宵、粽子、烤鸭、馒头、馄饨、饺子等,与服饰文化相关的旗袍、中山装等,与文体活动相关的京剧、相声、太极拳、气功、麻将等,在这些事物传入他国之前,在其他语言中都未有明确词语表征。

(二)词汇接触与融合

中国自古是一个多民族国家,各民族间的交往很早就开始了。各民族之间的接触和交流必然会影响汉语的发展,其中对汉语词汇的发展影响尤为显著。从古至今,中外文化也一直处于不断交流的过程中,每一次文化接触,都导致了语言接触,促使汉语的词汇量大增。汉语中的借词可以追溯到两千多年前。从先秦到近代,汉语吸收外来词主要有以下几个来源。

匈奴是古代活跃在中国北方的一个善战的民族,两汉时期汉族和匈奴经济文化的交往非常频繁,匈奴的一些词语也由此传入汉语,其中最典型的是“胡”。“胡”原是北方匈奴的自称,后来泛指北方和西方的少数民族,后又指外国。汉语词汇中,有一些在一个名词性语素前加“胡”构成的双音词,都与汉族和西北各族的交往有关,如“胡椒”“胡瓜”“胡琴”等。

西域,在中国汉代指阳关、玉门关以西的新疆和中亚、西亚等地区。西汉时期,汉武帝两次派张骞出使西域,打开了中国通向中亚以西的通道,建立了沟通中西文化交流的“丝绸之路”。沿着“丝绸之路”,中国的丝绸、漆器等外销到西域各国,同时,西域各国的特产也源源不断来到中国。西域各国在同汉朝的文化交流中,给汉民族的文化注入了新鲜血液,也给汉语送来了很多新词语,如“琥珀”“玛瑙”“狮子”“骆驼”“琵琶”“唢呐”“葡萄”“石榴”等。

两千多年来,佛教对中国文化产生了深远的影响。汉语从佛经中吸收了大量借词,丰富了汉语词汇,甚至部分借词已经成为汉语中的一般常用词语,如“佛”“和尚”“尼姑”“罗汉”“世界”“红尘”“结果”“解脱”“烦恼”“圆满”等。除一般词语以外,汉语里还有很多来自佛教的熟语,如“因果报应”“昙花一现”“借花献佛”“心领神会”“一尘不染”“菩萨心肠”“生老病死”“无事不登三宝殿”“不看僧面看佛面”等。

南宋以后，中国北方的蒙古族、满族先后进入中原，蒙古语、满语词汇也被借入汉语。从数量上来看，这两类词并不算多，但在一个时期内对汉语词语也产生了影响。有些借词目前还一直在使用，如“站”“胡同”这两个常用词就是来自蒙古语。

16 世纪开始，西方传教士来到中国，并向中国人传播西方文化和近代自然科学知识，中国的一些知识分子也开始翻译、撰写近代自然科学的著作。一些有关自然科学的意译词开始在汉语中出现，如“地球”“重心”“地平线”“几何”“比例”“螺丝”“风扇”“自行车”等。19 世纪末西方文化开始渗入中国人生活的各个方面，外来词大量进入汉语，借词的范围包括政治、经济、科学、文化、日用品、食品等。

随着中外文化交流的开展，中国在吸收外来文化的同时，中国文化也逐渐在世界各地传播，汉语词汇也随之流传到国外。

自从中国古代开辟了沟通东西方交流的“丝绸之路”，中国很多有特色的东西以及记录这些东西的词汇也顺着“丝绸之路”传到了西方。例如，中国语言学家罗常培在《语言与文化》中考证出 silk、china、tea 就是古汉语“丝”“瓷”“茶”的音译词。

汉语外借词汇中具有代表性的是“茶”这个词。随着“茶”进入世界其他国家，“茶”这个词也进入了其他语言。茶流传到国外有两条渠道，一条是陆路，一条是海路。通过陆路，借去了 13 世纪中国北方话的“茶”，因此在朝鲜语、蒙古语、俄语等语言中，“茶”这个词的发音与中国北方方言的“茶”相对应。而通过海路，则是明代和清代的时候，从福建厦门一带传到海外，现代英语 tea 的发音与闽南话“茶”的发音相近。这个时候，各个品种的茶名也随之传到外国，如英语中的 bohea(武夷茶)、pekoe(香红茶)、congou(工夫茶)、hyson(熙春茶)、souchong(小毛尖)等等，其中 bohea、congou 显然都是从闽南话翻译过去的。

(三) 词汇差异与互鉴

1. 特有词语显示的文化差异

每种语言都有自己的称谓系统，称谓语从一个侧面反映着语言使用者或母语者的传统文化。中国有着几千年封建社会的历史，宗法、家庭、伦理等观念具体反映在汉语的家庭、亲戚的称谓关系上，汉语词汇系统中有着丰富的称谓词语。中国亲属圈以内的人的称谓有两套系统，一套是父系，一套是母系。例如：

父系	母系
祖父(爷爷)—祖母(奶奶)	外祖父(外公)—外祖母(外婆)
伯父—伯母	舅父/舅—舅母/妈
叔父/叔—婶母/婶/子	姨母/妈—姨夫
姑母/妈/姑—姑父	

中国人非常重视亲属关系和辈分尊卑，这种观念与西方文化不同。现代英语中的称谓词语远没有汉语多。最为典型的是汉语中的“伯父”“叔父/叔”“姑父”“舅父/舅”“姨夫”，父系、母系界限分明，每个概念都有一个称谓表示，而在英语中，以上五个概念用一个词“uncle”表示；汉语的“伯母”“婶母/婶/子”“姑母/妈/姑”“舅母/妈”“姨母/妈”在英语中也用一个词“aunt”表示。可见，汉语亲属称谓中父系和母系的界限是非常清楚的，而英语对此却非常笼统。

再如，汉语的“公公”（丈夫的父亲）和“岳父”（妻子的父亲）是泾渭分明的，不能混淆，但英语中却用一个词“father in law”表示。汉语的“哥哥”和“弟弟”、“姐姐”和“妹妹”四个词既区分了性别，又区分了长幼。而英语只有两个词“brother”和“sister”，只区分男女性别，不区分长幼。汉语称谓词分工的细致，说明中国人对亲属关系中亲疏长幼的重视。

2. 汉语词义显示的文化差异

不同语言中表示相同事物的词，在各自语言中的词义可能会有不同的变化，人们对这个词会产生不同的联想。正是由于使用不同语言的人们有着不同的文化背景，所以表示同一事物的词的意义才可能会有不同的变化。从这些表示相同事物的词的不同词义变化出发,我们可以看到语言背后文化的差异。

比如,语言中的颜色词常常蕴含着丰富的联想义,不同语言的颜色词的联想义往往会呈现不同的情况。以"黑"和"白"为例:"黑"在汉语中除了可以表示颜色以外,还可以象征反动,如"黑帮""黑手""黑幕",但这些词翻译成英语时都跟 black 无关,因为英语的 black 并没有表示秘密或象征反动的意思;从英语的角度来说,black 除了可以表示颜色以外,还可以表示"暗淡""怒气""邪恶"等意思,如"a black look"(怒视)、"the black art"(妖术)。汉语的"白"除了表示颜色以外,还可以引申为空白、没有效果、无代价的意思,这些意义翻译成英语都跟 white 无关——"白卷"是 unanswered examination paper,"白干"是 in vain 或 fruitless;英语中的 white 的引申义可以表示吉利、善意、坦诚等意思,有些词组翻译成汉语时也不能与"白"对应——white day 不是"白天"而是"吉日",a white lie 不是"白色的谎言"而是"善意的谎言"。

又如,不同语言中表示动物的词的联想意义也不同。西方人对 cat 没有好感,由于社会心理的缘故,西方人厌恶猫,出门遇到黑猫认为是不祥之兆,以猫打比喻,也含有贬斥的感情色彩,如 cat like 是"像猫一样的偷偷摸摸";而汉语中"猫"就没有类似的意义,没有类似的用法。在中国文化中,"龙"这种古代传说中的神异动物代表皇帝,可以象征高贵,也可以象征吉祥;但在英语中,dragon 则是一种凶恶的妖怪,转指凶暴的人、严厉的人等。"喜鹊"在中国一直被当做幸福的象征,而斯拉夫民族却把它同"小偷"联系在一起,英语 magpie 则比喻"爱说话的人""叽叽喳喳的人"。

从以上例子可以看出,不同语言虽然有很多表示相同事物的词,但词的引申义、比喻义、联想义、感情色彩却有不同。这些不同往往和说该语言的人们的不同文化特征密切相关,一个民族独特的文化传统会使词引申出独特的意义。因此不同语言中,表征同一概念词汇项的词义范围和附加意义/文化意蕴可能会有所不同,秉持开放与包容的心态,理解并正视这种差异,才能实现真正意义上的文明交流互鉴。

四、创新之处

1. 将对汉语词汇的接触与变迁的讲解与对国际学生的"中国理解教育"巧妙融

通:以汉语词汇的变迁与发展为经线,以人类文明的差异性与多样性为纬线,通过一个个客观而具体的词汇现象,呈现了中国社会历史发展变化的斑斓画卷,彰显了文化自信;展示了以"丝绸之路"等为起点的中外文化交流的历史渊源,印证了"一带一路"倡议是对历史的承继与发展;阐释了文明交流互鉴的重要性及深远意义。

2. 凝练出本案例可以承载的价值观:文明的多样性和差异性是客观存在的,"和实生物,同则不继";要正视这种差异,具有开放包容的心态,秉持"各美其美,美人之美"的理念,才能做到"美美与共,天下大同"。"文明因多样而交流,因交流而互鉴,因互鉴而发展。"

五、教学反思

将对汉语词汇的接触与变迁的讲解与对国际学生的"中国理解教育"巧妙融通:以汉语词汇的变迁与发展为经线,以人类文化的差异性与多样性为纬线,本案例通过对一个个客观而具体的词汇案例的讲述,深挖其背后的文化意蕴,从而润物细无声地将对国际学生的"中国理解教育"融入专业知识的学习。

案例共分为三个模块:(1)汉语词汇的变迁与空缺,通过汉语词汇的变迁呈现了中国社会历史发展变化的斑斓画卷,另一方面通过对词汇空缺原因的分析说明词义蕴含差异是客观存在的;(2)通过词汇的借入与借出展示了中外文化交流的历史渊源,印证了"一带一路"倡议是对历史的承继与发展;(3)通过中外词汇显示的文化差异及其原因分析阐释了文明交流互鉴的重要性及深远意义。

上述三个模块层层推进,环环相扣。课程的知识、技能和育人三个目标三位一体,相辅相成。课程设计中在兼顾基础知识的前提下,结合教学实际与学生具体情况,对课本内容进行了生发与升华,彰显了文化自信,印证了"一带一路"倡议是对历史的承继与发展,阐释了文明交流互鉴的必要性。

润物无声，教育无痕

——以“综合汉语”课程思政的教学设计为例

邢　贺

一、案例简介

（一）课程和案例的基本情况介绍

1. 课程介绍

本课程为来华留学的汉语学习者语言学习的核心课程。教学对象为汉语零起点的海外预科留学生。本课程的指导思想是对零起点的留学生，以语音、语法、词语、汉字等语言要素的教学为基础，通过课堂讲练，逐步提高学生听说读写各方面的言语技能，培养学生的汉语交际能力和汉语综合运用能力，同时了解相关的中国文化知识。该课程选用的教材为北京语言大学出版社《汉语教程》（第一册），课文以实用会话为主，具体体例是：课文→生词→注释→语音→语法→练习。

2. 案例介绍

对外汉语教学不同于母语教学的特点是，语言要素的教学不能孤立进行，语言要素教学过程本身就是言语技能和言语交际技能训练的过程。课堂教学是师生互动、讲练结合的过程。无论是语音教学还是语法句型和词语语段教学，都要贯彻实践第一、交际为主的原则。综合汉语课程思政从课文入手，课文作为课堂教学的主要内容，是语法和词语的语用场，离开课文，语法将无所依凭，课程思政也将是无源之水、无本之木。本节以《汉语教程》（第一册）第18课课文（二）《外贸代表团明天去上海参观》为例，向大家展示如何在讲练语言知识的基础上，聚焦浦东开发开放、上海自贸区建设等重大战略和“大飞机”“进博会”等重大项目，向国际学生展现上海70多年发展成就举世瞩目及上海人民的幸福便捷生活，从而展示当代中国发展的创新力量以及人民生活翻天覆地的变化。

（二）设计意义

1. 从表象到本质

刚来上海的留学生，能看到上海以上海中心、东方明珠、环球中心等为代表的高楼大厦，也能体验到以上海地铁、公交、共享单车为代表的便捷的上海交通，还能实践到以支付宝、微信、网购等为代表的快捷的日常购物及支付。这些只是留学生看到的表象，需要教师在课堂上讲透这些事物背后的本质，要向留学生展示当代中国社会发展和中国人民的价值追求，把具有时代特征的文化结合教学内容呈现给留学生。

2. 从片面到全面

留学生来中国上海之前片面听过例如世博会、进出口博览会的召开，“一带一路”建设，亚投行的成立，中国大飞机C919首飞等。这些名片的背后是中国的社会主义建设尤其是改革开放以来取得的巨大成绩。教师要在这些片面现象的背后全面导入中国悠久的历史和灿烂的文化，更要着重讲述其中积淀的中华民族精神，比如中华民族勤劳、勇敢、诚实、孝顺、忠义的民族性格，为留学生充分理解社会主义核心价值观奠定基础。

3. 从认知到行动

来华留学生的课程思政要遵循“知”“信”“行”三个层次推进，前面讲述的主要解决“知”的问题，“信”和“行”的问题需要教师开动脑筋，精心设计教学方法和教学案例，牢牢抓住课堂教学这个主线，要凸显“价值引领”功能。以“讲好中国故事”为主线，以“传播中国文化”为切入点，向留学生展现真实、立体、全面的中国，引导留学生知华、友华乃至爱华。

二、思路与目标

（一）设计思路

教师要重视课程内容建设，丰富教学内容。教师应该突破以教师讲授为主的传统教学方法，丰富课堂教学方法和手段，通过翻转课堂、小组讨论、观看视频、案例教学等多样性的教学法，发挥课程思政的德育和“价值引领”功能。特别是综合应用现代信息技术的案例教学能够起到举一反三的作用，通过在课堂教学内容中融入体现社会主义核心价值观的案例，让留学生了解当代中国道路、当代中国理论、当代中国方案、当代中国人民的美好生活等。案例教学过程中可以利用新媒体教学，留学生对于图片、音频、视频等教学资源比单纯的文字更感兴趣，能够让来华留学生随时了解中国概况和中国文化。案例教学具有全天候优势，不受时间与地点的局限，同时案例教学过程中不拘泥于课堂教学，使即时互动教学成为现实，从学生的反馈可以看到学生的真实感受。

下面以北京语言文化出版社《汉语教程》（第一册）为例，按照“知”“信”“行”三个层次推进课程思政，结合每课的课文，首先进行生词讲解，提炼每篇课文的关键字，然后再引出课程思政的切入点，结合切入点并引入案例讲实、讲透文化导入的价值和意义，发挥课程思政的思想导入功能，实现真正的润物细无声。

	课文	关键词	课程思政切入点	文化导入的价值和意义
16	《你常去图书馆吗》	网上查资料	从去图书馆到网上查资料	凸显中国高等教育基础设施的发展、国家重视教育、学生热爱学习
	《晚上你常做什么》	微信、电影、电视剧	微信，社交方式的变化人民群众丰富的精神文化生活	了解形式简单但功能强大的微信等社交工具，展示中国人爱学习、爱生活的健康风貌

（续表）

	课文	关键词	课程思政切入点	文化导入的价值和意义
17	《他在做什么呢》	公共汽车、骑车	出行首选公共交通、共享单车等环保、健康的方式	展现上海四通八达的交通和人们便捷多样的出行方式，倡导低碳生活
	《谁教你们语法》	综合汉语、教	对外汉语	孔子学院，非盈利的社会公益机构；预科留学生国家奖学金
18	《我去超市买东西》	买东西	从超市到网购	展示中国互联网技术的快速发展和人们购物方式的变化
	《外贸代表团明天去上海参观》	上海、外贸、飞机、翻译、帮忙	新中国成立后上海70年巨变	上海经济、金融、交通、航空、技术、旅游等各领域大发展和人民生活水平的快速提高，都显示出国强民富、生活更美好
19	《可以试试吗》	羽绒服	又好看又便宜	中国服装出口世界各地，以义乌为代表的城市成为很多轻工商品的国际制造中心和采购中心，“中国制造”从量到质飞跃发展，逐渐走向独特的“中国智造”
	《便宜一点吧》	钱	微信、支付宝等电子支付方式的普及	了解、体验当代中国便捷、多元化的支付方式
20	《你哪一年大学毕业》	大学、属狗	中国十二生肖	中国现代化的迅猛发展与重视传统文化
	《祝你生日快乐》	几月几号	日期的表达	生活水平提高，全社会倡行“光盘行动”；了解特殊日期的意义，如1949年10月1日等
21	《我的一天》	学习、锻炼、电影	生活方式	展示大学生以学习为主、辅以锻炼娱乐的健康积极的生活方式
	《明天早上七点一刻出发》	准时	时间观念	守时，尊重别人也是尊重自己
22	《我打算请老师教我京剧》	京剧、书法、中国画	中国国粹	了解甚至体验京剧、书法、武术和中医这中国四大国粹，感受其独特的魅力

（续表）

	课文	关键词	课程思政切入点	文化导入的价值和意义
23	《学校里边有银行吗》	中东西南北	方位表达	了解中国特色的方位文化,《三字经》《百家姓》《千字文》中都有对方位的描述
	《从这儿到博物馆有多远》	博物馆	中国历史、文化	中国目前有超过 5 000 家博物馆,中国国家博物馆是世界上最大的,上海博物馆天圆地方的设计理念等
24	《我想学太极拳》	太极拳	健身到中国传统文化	中国武术中的一个重要拳种;太极拳是中国传统辩证思维与武术、艺术、中医等的完美结合,这种运动对人类个体身心健康以及人类群体的和谐共处,有着极为重要的促进作用
	《你能不能再说一遍》	太极拳		
25	《她学得很好》	京剧	京剧、太极拳都是非常具有中国特色的文化,映射到中国特色文化	通过耳濡目染,爱唱京剧、打太极拳的玛丽,就是现实生活中的超级中国迷欧莉莲,不知不觉喜欢上中国,认同中国的价值观
	《她每天都起得很早》	太极拳		

（二）设计目标

“综合汉语”课程思政的设置也是按照中国传统文化“知”“信”“行”逐步推进,这和美国著名心理学家、教育家本杰明·布鲁姆(Benjamin Bloom)等人的教育目标完全一致,具体分为三大领域:知—认知领域、信—情感领域、行—技能领域。①认知领域的教学目标分为:识记、领会、运用、分析、综合和评价等六个层次;②情感领域的教学目标分为:接受、反应、评价、组织和定型等五个等级;③技能领域的教学目标分为:知觉、模仿、操作、准确、连贯和习惯化(自动化)。

“综合汉语”课教学目标经历了从培养汉语听、说、读、写等语言技能到培养汉语交际能力,再到培养跨文化交流能力的转变过程。教学过程中始终坚持“语言—语用—文化”三位一体的原则,培养第二语言学习者跨文化交际能力是对外汉语教学的总目标。初级阶段的汉语课堂教学，应该借助语法从易到难的有序性和渐进性，把句子的结构、语义和语用这三者结合起来。要让学生了解一个句子的使用语境，也要逐步让学生知道，在一定语境中怎么用汉语表达。课程思政也要融入具体的设计目标中。下面以选自《汉语教程》（第一册）第 18 课课文（二）《外贸代表团明天去上海参观》为例，具体介绍本课程思政的设计目标。

（二）外贸代表团明天去上海参观

（珍妮来宿舍找玛丽 Jenny comes to Mary's dorm）

珍妮：玛丽，我明天去上海。

玛丽：你去上海旅行吗？

珍妮：不，明天一个外贸代表团去上海参观，我去给他们当翻译。

玛丽：你坐飞机去还是坐火车去？

珍妮：坐飞机去。

玛丽：什么时候回来？

珍妮：八号回来。帮我一个忙，行吗？

玛丽：什么事儿？你说吧。

珍妮：帮我浇一下儿花。

玛丽：行，没问题。

1. 知识目标（认知领域）

（1）识记生词、领会生词的意思和用法。

（2）会使用生词，特别是一些易错、易混词，如“帮忙”和“帮”等。

（3）培养扩展词语能力，如“团”扩展出“旅行团”“代表团”“参观团”“翻译团”“教师团”“留学生团”等。

（4）通过语法点的学习，掌握连动句的两种用法，表示动作行为的目的，“去/来”+地方+做什么；表示动作行为的方式，怎么做什么。

(5) 培养语篇阅读能力,泛读与精读相结合。

2. 交际目标(技能领域)

(1) 掌握常用汉字的写法。

(2) 能比较流利地朗读课文,发音基本正确,语调比较自然。

(3) 能模仿句型,实现交际功能。

A 能用"去哪儿做什么"实现表达意向的功能,如:去上海旅行、去北京学习、去博物馆参观等;

B 能用"帮我一个忙,行吗"实现征求意见的功能,重点是正确运用离合动词"帮忙"以区别"帮";

C 能使用"坐飞机去"等词语表达交通工具完成交际任务,如:坐火车去、坐地铁去、骑车去、走路去等;

D 能用"当……"来表达身份;

E 能用"行""没问题"来表达同意、接受。

(4) 通过熟读、复述、背诵课文,逐渐接近"自动化"的目标。

3. 育人目标(情感领域)

(1) 交际过程中获得成功的体验,建立信心;"当翻译"成为一种职业选择的可能,使国际学生在以后的学习中更加积极主动。

(2) 尊重知识,了解本国,了解中国,了解上海,对中国产生兴趣,希望尽快来到中国、来到上海学习更多的知识、接受更多的信息、汲取更多的养分。

(3) 尊重科学,正确处理本国与他国文化的关系,逐渐接受、认同"海纳百川,兼容并蓄"的上海海派文化和互信、互利、平等、协商,尊重多样文明、谋求共同发展的"上海精神"。

(4) 知华、友华的基础上,担当中国文化和精神的传播大使,也广泛利用"自媒体"时代的优势,让越来越多的外国人了解中国、喜欢中国。

三、具体实施

（一）展开新课

1. 泛读课文

正式学习生词之前，让学生带着问题泛读课文，培养学生的快速阅读能力，通过略读、跳读等技巧，把握文章主旨、抓住重要信息。

2. 学习生词

教师领读、学生齐读、分读，教师纠正发音。通过讲解、示范、提问、造句及比较等方式练习词语的用法、搭配及扩展等。

3. 汉字书写

经过一段时间的学习，学生已经掌握了汉字书写规则和一些常用的汉字偏旁、部件，但仍需要示范一些复杂、易错汉字的写法。

4. 概括总结语法

语法点都已经在生词中讲练过，还会在语法部分再次总结、复习、巩固。

5. 学习课文

通过教师领读、学生齐读、分角色朗读、教师提问、精讲、答疑，帮助学生熟练掌握课文。

6. 操练课文

通过复述、表演、背诵等环节，培养学生的听和说应用能力的同时，也逐渐培养学生的语感。

（二）文化导入

由“外贸代表团去上海参观”切入，先让国际学生谈谈对上海的了解和印象（亲历的、听说的、影视剧里的或者网上了解的都可以）。去上海参观，引出南京路、外滩、城隍庙、新天地、上海博物馆、东方明珠、上海中心大厦、上海迪士尼等热门景点，乃至上海虹桥枢纽中心、国家会展中心等上海新地标建筑；觉得上海人友善、认真、精明、能干、守信、包容，当然也有小气、斤斤计较、排外等，这就需要教师从文化导入，帮助简单分析其历史文化原因并引导国际学生正确看待。

比如：上海博物馆的建筑造型，具有中国文化“天圆地方”的寓意。面积 39 200 平方米，馆藏文物近百万件，其中尤以青铜器、陶瓷器、书法、绘画为特色。

上海，简称“沪”，别称“魔都”，6 340 平方公里，2 428.14 万常住人口，是中国最大的城市，是中国重要的经济、交通、科技、工业、金融、会展和航运中心，也是国际体育名城，还拥有众多知名学府等。“城市，让生活更美好”的愿景正成为现实。

俗话说“两千年历史看西安，一千年历史看北京，一百年历史看上海”。新中国成立，特别是改革开放 40 年来上海发生翻天覆地的变化，今日的上海是一座极具现代化而又不失中国传统特色的国际化大都市。

然而由于国际学生的汉语水平极其有限且没有提前准备，造成表达、讨论困难，因此适当给学生布置些任务是必要的。

（三）布置任务

1. 找一篇关于上海的有意思的小文章或者小视频发到班级群里，并配上几句简短介绍或说明，以锻炼学生提炼文章大意的能力。

2. 上网查找资料，从交通、经济、金融、科技、会展、医疗、生活等某一方面简单介绍上海。从查找、选择资料到总结、概括主旨，再到书面和口头表达，锻炼国际学生汉语综合能力的同时，也让学生实现了资料共享，使其从多方面、多角度了解上海。

3. 下一次课学生介绍、教师补充信息，透过表面现象看到内在的一些东西。

四、创新之处

党和国家领导人历来非常重视思政教育。2016 年 12 月，习近平总书记在全国高校思想政治工作会议上指出：“要把思想政治工作贯穿教育教学全过程，借助新媒体技术优势搞活教育，实现传统优势与时下最流行的网络技术的有效融合，增强教育时代感和艺术魅力。”2019 年 3 月，思想政治理论课教师座谈会上，党和国家领导人深刻阐述了办好思政课的重大意义，明确提出了要不断增强思政课的思想性、理论性和亲和力、针对性，即"高度""深度""温度""效度"。这些都为留学生课程思政建设指明了前进方向。

以同济大学国际文化交流学院的来华留学预科生为例，他们绝大部分是中国政府奖学金生，也有小部分是自费留学生。这些预科生来自不同的国家和地区，他们的母语、文化背景、教育背景、学习习惯、学习能力及认知方式都迥乎不同，而且来华留学前几乎没有任何汉语基础。针对这样的零起点国际学生，"综合汉语"课的课程思政要围绕"培养什么人、怎样培养人"这个根本问题，为国际学生知华、友华乃至爱华的培养目标提供重要的导向保障。国际汉语教师的头脑里必须始终紧绷着一根"弦儿"，那就是如何在任教的课程中合理挖掘"课程思政"所需的教学案例材料，将"课程思政"理念巧妙融入传统的语言和文化教学。

"综合汉语"课程教学过程中，首先，在教授语言基本知识和技能的同时，结合课堂教学内容，通过引入案例，巧妙地融入中国文化元素，讲好中国故事，传播好中国声音，让世界更好了解中国，实现从最初"思政课程"到现今"课程思政"的教学改变，达到"润物细无声"的效果。其次，也要注重在心理上对国际学生进行疏导，以促进学生心理的健康发展及中国社会主义价值观的内化，即掌控好"温度"以提高"效度"。最后，课程思政要活学会用，教师适当安排真实的"任务型"教学实践，让国际学生在真实环境中实践汉语的同时，了解中国文化、感受中国精神。

五、教学反思

(1) 文化导入部分在整个语言教学课堂中的占比应把握好，既不能喧宾夺主，也不能蜻蜓点水。导入的分寸也要把握好，不能让学生产生抵触心理。单纯的"说教"效果不佳，需要重视隐性教育的运用。多种多样的社会实践活动是隐性思政教育渗透的主要形式，发挥教师和学生联动作用，响应各阶段的主题教育，开展实践活动。例如，引导国际学生与中国学生一起参加高校中国传统文化活动，包括国庆、校庆、文体活动及传统节日活动，有利于国际学生形成良好的心理素质，传递正能量，形成正确的价值取向。

(2) 线上线下结合的方式，特别是线上教育中，教师要把握思政的主动权。线下教学应该从培养综合能力入手，即听、说、读、写四个方面多管齐下，促进学生的全面发展。从语言发展规律而言，实物教学对听、说、读、写都有良好的辅助作用，因为实物能够对学生产生各种感官刺激，激发学生的思维活动和语言表达动机。疫情期间采用线上上课，缺乏集体氛围，合作意识淡薄，学生以自我为中心，面临较大的压力。网络是一个开放的环境，各种信息鱼龙混杂，教师把握思政教育的主动权，正确引导学生。尊重国际学生及其文化背景，帮助其缩短文化休克期。

(3) 课程思政同时人文关怀不可少。疫情期间，有太多实例证明了人类命运共同体的重要性，病毒是人类共同的敌人，疫情没有国界，科技更没有国界。医疗专家的全球支援体现了大爱无疆，疫情期间新冠病毒研究成果全球共享体现了命运同一。这无形中体现了强调“人类命运共同体”的理念，关心关爱世界各地的每一名国际学生，让大家注意身体健康，关注世界疫情发展，支持世界各国作为一个整体协同抗疫。

(4) 案例教学与实际结合。在生词学习过程中，应要求学生提前做好预习工作，避免在生词串讲的过程中花费过多时间，给每个学生开口的机会，因人而异地调整问题的难度。营造环境，丰富学生生活。

笃学精练，求真务实

——以预科科普汉语B级读写课线上教学为例

许　涓

一、案例简介

（一）课程和案例的基本情况介绍

1. 课程介绍

预科科普汉语B级读写课的教学对象是在本国高中毕业，即将进入中国高校本科攻读理工类学士学位，已经具有HSK4级左右水平的国际学生。

本课程教学任务是通过科普短文的讲练，使预科生掌握约500个科普词汇（四会），36个相关的句式，精泛结合培养学生科普短文（100～300字左右）阅读能力，以及半开放和撰写科普短文（50～200字左右）的写作能力。

课程授课时间共18周，每周4课时；授课方式可线下授课，亦可线上利用直播平台授课，同时利用教学App上传课程资料、布置作业、实施测试，利用微信群发布课程公告，加强师生互动等。

课程教学资料使用天津大学国际教育学院针对理工类预科生编写的科普汉语教学讲义，并根据各课话题由任课教师编写补充扩展阅读资料。

2. 案例介绍

科普汉语教学讲义共三十课，每课由课文、生词、练习组成。本案例以讲义第十一课“数字电视”为例，教学时长为4课时（不含课前预习和课后任务完成时间。）

（1）课文

以下是课文内容,课文中上标的数字是该数字前生词的序号,该序号也出现在生词表中,即按照序号可在生词表中找到每个生词对应的拼音、词性和英文翻译。

数字电视

数字是半导体[1]技术[2]和不断进步的数字技术结合[3]的产物[4]。

数字电视克服[5]前几代[6]电视的噪声[7]、图像[8]干扰[9]等问题,使图像更加清楚、形象[10]、鲜艳[11]。

数字电视中使用的元器件[12]只有上一代的一半,不仅[13]大大减轻[14]了重量[15],缩小[16]了体积[17],降低[18]了成本[19],减少[20]了耗[21]电,还大大提高了电视的可靠性[22],使电视节目变得更好看了。

(2) 生词

生词以出现在课文中的顺序排列在课文右侧,以拼音的形式呈现。每个生词的拼音前标注序号(该序号以上标的形式同时出现在课文中生词后面),拼音后标注词性和英文翻译。该课生词共22个,具体可见课文中的标注。

(3) 练习

课后练习共十题。分别为"判断正误""选择正确的答案""用线连接左右两边的反义词""根据课文内容填空""听写词语""听写句子""听朗读填空并回答问题""给下面的句子注上汉语拼音""请熟读并用母语翻译下列词语""手写体课文认读"。

(二) 设计意义

从教育背景来说,科普汉语课是理工类预科课程中连接通用汉语课和数理化等学术汉语课的桥梁课程,是理工类预科课程中重要的一环。从教学理念来说,教师根据自己对教学法的理解与掌握,必然要对现有的教学资料进行再创造。从具体的教学实践来说,本案例选用的教学资料是针对汉语为初级水平的国际学生在中国境内学习编写的纸质讲义,为了应对疫情,实施线上教学,必须根据学生在境外学习的特点进行设计。另外,本案例选用的教学资料还不是十分成熟的教材,内容上需要根据教学对象、教学目标做必要的增减。

二、思路与目标

（一）设计思路

本设计包括课前预习、课前作业、课中讲练和课后任务四部分。

课前预习和课前作业是基于翻转课堂的教学方法，由学生先自学生词、汉字、作业，完成课前作业等，在对该课内容已有相当程度的了解、具备必要的基础后再到课堂上来集中学习。这个方法可以大大提高课堂效率，还可以避免不懂英文的同学掉队。

课中讲练是师生互动的重要环节，在课前预习的基础上，学生在教师的引导下，加深对生词、句型、课文的理解，完成记忆和技能操练等训练，并通过课堂练习进一步获得运用生词、句型的能力，在一定程度上提高科普汉语读写能力。

课后任务是学生复练以巩固和提升能力的环节，具体任务有课堂录像回看、半开放和开放式短文写作、扩展阅读等。

（二）设计目标

1. 知识目标

生词：掌握22个科普汉语相关生词，要求正确理解、记忆词义。

汉字：掌握生词涉及的汉字，要求能够正确书写，并能在线输入。

句型：掌握2个科普汉语相关句式，要求掌握这些句式的结构和语义。

2. 能力目标

阅读理解：具备正确理解初中级科普短文的能力。

书面表达：具备较好的科普语体初中级书面成篇表达能力。

3. 行为目标

勤奋向上：帮助学生养成课前自主预习，课中认真听练，课后及时完成任务的良好习惯。

诚实守信:通过考勤管理、作业问题反馈信息、课下一对一交流等方式引导学生诚实对待学业。

4. 思政目标

求真求实:科普短文以短小浅显、通俗易懂的方式,让学生接受自然科学知识。在科普汉语教学过程中,应注意倡导科学方法、传播科学思想、弘扬科学精神。科学普及要引导学生求真求实。

知华友华:以汉语撰写的科普短文,不仅承载着科学的事实与道理,也在一定程度上反映了中国科技发展的历史与现状、使命与担当。在科普汉语教学过程中,要向国际学生积极展示中国科技发展的成果,正面宣传中国科技发展对人类社会的贡献,培养知华亲华的国际科技人才。

三、具体实施

1. 师生在课前预习与课前作业环节的任务实施

教师在新课开始前,通过"课堂派"将课前预习资料(课文与生词的扫描版和教师自己录制的音频版)与课前作业发布给学生。要求学生课前完成以下四项任务:①用双语词典自学生词。②跟着音频资料把生词和课文各读三遍。③每个生词写三遍,上传到"课堂派"的"作业"里。④记下课前预习时遇到的问题,以便课上提问。

教师课前进入"课堂派"查看学生课前作业提交的情况,在线批改作业,然后确定需要催交作业的学生,选择需要在课中或课外反馈的作业问题等。

2. 教师临上课前的准备工作

教师提前15分钟进入在线授课平台"腾讯会议",获取主持人权限,测试好声音、图像、共享文件等;与早到的学生互致问候,了解学生预习的情况,进行必要的互动;开始直播上课时同步录制。

3. 师生课中讲练互动环节的任务实施

(1) 上一课作业讲评:(15 分钟)

教师课前在线上批改完作业后,选择 2 个学生的作业进行讲评,可以弥补线上技术的一些问题,加强师生之间的互动,同时督促不交作业的学生及时提交作业。

(2) 新课前预热,引入话题:什么是"数字技术"?(15 分钟)

第一步:教师把对"数字技术"的介绍先分解成四个条目展示在 PPT 上:

条目一:和计算机有关系的科学技术。

条目二:可以把信息,如图、文、声、像等,变成电子计算机能识别的二进制数字"0"和"1"。

条目三:可以进行运算、加工、存储、传送、传播、还原等。

条目四:"数字技术"又叫"数码技术""计算机技术"。

第二步:在学生基本理解了各条目的意思后,再将四个条目整合成语段,再次介绍"数字技术":

数字技术是和计算机有关系的科学技术。它可以把信息,如图、文、声、像等,变成电子计算机能识别的二进制数字"0"和"1",然后进行运算、加工、存储、传送、传播、还原等。"数字技术"又叫"数码技术""计算机技术"。

(3) 生词讲练(45 分钟)

第一步:在 PPT 上用汉字展示生词,要求学生认读。有课前预习的基础,这一步可以快速带过。

第二步:运用直接法、精编例句法、例句过渡法(从生活话题的例句过渡到科普话题的例句)精讲生词;运用搭配组合法、归类系联法、情景问题法练习生词。

第三步：在 PPT 上用汉字再次展示生词，要求学生认读。确保进入课文前扫清生词障碍。

(4) 课文讲练(45 分钟)

第一步：认读课文。在 PPT 上用汉字展示课文，教师领读。有课前预习的基础，这一步一般进行得较为顺利。

第二步：理解课文。学生根据预习时候遇到的问题提问，教师解答；教师以提问方式引导学生关注课文中的重难点，在了解学生理解程度的基础上，进行必要的讲解。

第三步：记忆课文。课文复述练习一：即在 PPT 上用汉字展示课文，隐去需要学生复述的生词或者新句式中的关键词，要求学生复述隐去的部分；课文复述练习二：即在 PPT 上用汉字展示课文，隐去需要学生复述的重点短语或句子，要求学生复述隐去的部分。

第四步：活用课文。学生根据课文内容，回答教师提出的相关问题。

(5) 课上练习(60 分钟)

讲义上的练习：本课课后练习共有十题。教师根据 B 级学生的汉语水平和线上教学的特点，选择了其中五题在课上讲练。涉及词义的匹配、汉字书写、句子听读、课文理解、记忆和活用等方面。

扩展阅读练习：检查上一课扩展阅读作业完成情况。

4. 师生课后的任务实施

复习与复练任务：

(1) 课后教师将线上课程同步录制的视频、PPT 上传到“课堂派”供学生复习。

(2) 教师根据本课的内容与话题，设计半开放和开放式写作短文的任务，要求学生下次课前完成。半开放任务要求学生跟着以下五个问题的思路(也就是课文的思路)写短文。

① 数字电视是什么技术和什么技术结合的产物?
② 数字电视克服了什么问题?
③ 数字电视的图像怎么样?
④ 跟上一代电视比较,数字电视中使用的元器件少了多少?
⑤ 跟上一代电视比较,数字电视的变化还有哪些?

开放式写作任务要求学生介绍一种家用电器,教师给出了写作的建议:你可以这样开始——“随着科学技术的发展,生活中家用电器越来越多。比如……”

(3) 教师根据课文内容在网上所搜相关资料,选编了两段扩展阅读短文,设计了练习,要求学生课后阅读,下次课课上检查。

四、创新之处

本案例利用线上授课平台+教学 App+微信群等多通道模式实施远程教学,注重根据学生线上课堂表现(如出勤、摄像头的开关、课堂提问与回答等)、在线作业表现(包括课前和课后作业)、在线测试成绩等,及时掌握学生学习情况,及时调整教学方法。

科普汉语读写课程以汉语教学为主,科普知识为辅,教授约 500 个科普词语,并从课文中提炼出 36 个科普短文常用句式重点讲练。针对预科生汉语基础薄弱,结业要求高的特点,本案例参考翻转课堂的模式,采用以课外学习为主、课堂讲练为辅的形式,利用课前深度预习和课后任务完整输出的方式延展学生课程学习时间;利用讲义开展教学,精读精写夯实科普汉语读写基础,利用扩展阅读和开放式短文写作等泛读泛写任务实施“拔苗助长”,尽最大可能帮助预科生做好预科专业基础课程开课前的准备。

五、教学反思

科普汉语读写课虽然不是人文类课程，但同样具有课程思政、立德树人的任务。本案例通过严格的学习要求、大量的课内外任务促使学生养成勤奋向上、努力学习的好习惯；在考勤管理、网络使用、作业反馈等过程中注意培养学生诚实守信的优秀品质。结合课程性质和国际学生的特点，本案例的思政目标是引导国际学生求真求实、知华友华，今后能在科技领域中讲好中国故事，为中外文化和科技交流发挥积极正面的作用。教学环节中可适当加入有关中国科技发展的内容介绍，让国际学生尽可能多地了解我国的科技成就。

本案例把教学过程设计为课前预习、课前作业、课中讲练、课后任务四部分，各部分任务明确，输入与输出关系密切。在产出导向法的启示下，今后各部分产出成果应进一步细化、落实，尽可能避免教师单方面讲解、学生听过而已的问题，不浪费任何一个成果产出的环节。

学习词汇，了解中国

——以综合课中的词汇教学为例

颜晓春

一、案例简介

(一) 课程和案例的基本情况介绍

1. 课程介绍

预科生是指在国外完成高中教育，即将进入中国大学本科专业学习的来华留学生，这批学生大部分都是中国政府奖学金生，他们对中国情况知之甚少，但又渴望了解，他们的汉语水平基本都是零起点，即将在高校接受为期一年的汉语强化学习，以达到 HSK 和 CSC 考试的要求。

综合课是预科课程中最主要的一门汉语课程，也是对外汉语教学的主干课，它的课堂教学效果不仅关系到自身的教学目标能否实现，还会对其他课程产生影响，所以它的重要性一直是对外汉语教师不容忽视的重点。该课程包括课文、生词、语法、语音等方面，是一门综合性的课程。课程目标是通过学习汉语的语音、词汇、语法、课文等，提高学生听说读写的言语技能和运用汉语进行社会交际的能力，并且提高 HSK 和 CSC 的应试能力，为本科的专业学习提供汉语基础。

2. 案例介绍

对外汉语词汇教学不仅是对外汉语教学的基本内容，也是课堂教学的重要组成部分。因为我们都知道，一个留学生汉语水平的高低，在某种程度上取决于词汇掌握的情况，因此对于对外汉语教师来说，搞好词汇教学对学生语言能力的培养是非常重要的。本文以零起点综合课程中的第六课《你家有几口人?》中的词汇讲解为例,探讨在词汇教学中如何融入中国文化传播、中国国情介绍,以及中国人的价值观介绍等内容,在帮助留学生学好汉语的同时,为留学生打开一扇了解中国的窗口。

(二) 设计意义

《你家有几口人?》一课一共有 21 个词:家、口、和、全、照片、张、年、以前、真、幸福、工作、医生、儿童、医院、做、银行、经理、漂亮、岁、毕业、现在。

经过分析,在这些词汇中,有一些词汇如"家""口""幸福""工作""毕业""岁"等,隐藏着很多文化背景知识供对外汉语老师挖掘。老师通过讲解词汇引申出词汇背后的文化背景来向留学生介绍中国文化、中国国情、中国人普遍的价值观等,通过这些介绍留学生不但更容易掌握词汇的意思,同时也更加了解中国。这也更加说明了语言是工具和载体,国际文化交流才是学习语言的最终目标。

二、思路与目标

(一) 设计思路

对于汉语为零起点的预科生来说,词汇的讲解必须简单易懂,对中国文化的灌输也力求与生活息息相关,这样他们更容易理解、乐于接受,增加了他们学习汉语的兴趣,学习效果当然也会大大提高。

教师在备课时,需要对该课的生词进行分析,如何更有效地讲解生词成为备课时的一项重要任务。

比如:"家",可以引申为国家,有国才有家,所以国在先,家在后。"口"从嘴巴的意思引申到家庭成员的量词,表示家庭中有多少张嘴巴需要供养的内在含义,进而还可以谈谈过去一个家庭一般几口人,而现在又是几口人,并简单介绍中国计划生育政策从过去推行一个家庭只要一个孩子,到如今鼓励年轻人多生孩子的变化。"幸福",可以先问问学生,什么是幸福?幸福的标准是什么?然后老师可以结合当代中国,谈谈当下年轻人对幸福的界定,以及幸福指数意味着什么?以及过去人们认为吃饱穿暖就很幸福,而现在随着生活水平的提高,人们对幸福的标准已经发生变化,从物质层面转变为精神层面。“工作”,教师可以跟学生讨论现在比较热门的一些职业,如教师、律师、医生、经理等,然后询问学生今后希望从事什么职业,以及这些职业在中国有哪些优势和挑战。“岁”,老师可以为学生介绍针对不同年龄的对象,询问对方年龄的几种表达。“你几岁?”是询问孩子的年龄;“你多大?”一般询问年轻人以及年龄更大一些的对象;而“您多大年纪?”一般询问老人,以表示对年长者的尊重。同时老师也可以与学生进行交流,询问对方年龄是否合适和礼貌。

(二)设计目标

《你家有几口人?》这一课,一共有四大块内容:生词、课文、语法、练习。对于零起点学生来说,生词充分考虑到了常用性,而且有一定量的控制;课文是本课的重要部分,也是课堂教学的主要内容,它是语法和生词的语用场所,因此在讲解生词和语法过程中,最好融入课文句子的教学,三者联系起来,这样教师在讲解完生词和语法之后,课文只是作为语言点操练的工具,让学生学得轻松且有效,最后达到同时掌握生词、语法、课文的教学目标,并且在整个教学活动中也了解了中国的一些国情和中国人的价值观。

三、具体实施(设计方案和实施过程)

本课课文如下:

(同学们一起去旅行,卡尔和阿曼达聊天儿……)

卡尔:你家有几口人?

阿曼达:我家有五口人,爸爸、妈妈、姐姐、弟弟和我。

卡尔:你有没有全家的照片?

阿曼达:没有最近的照片,只有一张几年以前的。你看!

卡尔:你们一家人真幸福啊!你爸爸在哪儿工作?

阿曼达：我爸爸是医生，在儿童医院工作。

卡尔：你妈妈做什么工作？

阿曼达：我妈妈是一家银行的经理。

卡尔：你姐姐真漂亮！她多大？

阿曼达：她今年22岁，大学刚毕业，现在是一名导游。

卡尔：你弟弟好可爱啊，他几岁？

阿曼达：他今年五岁，明年上小学。

本课生词如下：

生词	读音	词性	英文意思
家	jiā	名，量	home, family; a measure word for company, hospital ect.
口	kǒu	名，量	mouth; a measure word for the members in a family
和	hé	连	and
全	quán	形	all, the whole
照片	zhào piàn	名	photo
张	zhāng	量	a measure word for papers and the like
年	nián	名	year
以前	yǐ qián	名	In the past, before
真	zhēn	副	really
幸福	xìng fú	形	happiness
工作	gōng zuò	名，动	job, to work
医生	yī shēng	名	doctor
儿童	ér tóng	名	children, kids
医院	yī yuàn	名	hospital
做	zuò	动	to do
银行	yín háng	名	bank

（续表）

生词	读音	词性	英文意思
经理	jīng lǐ	名	manager
漂亮	piào liang	形	beautiful
岁	suì	量	... years old
毕业	bì yè	动	graduate
现在	xiàn zài	名	now

（一）上新课前，老师可以先把本课的预习单发给学生，预习单的内容包括本课的所有生词以及课文。生词表中提供了生词的发音、词性、英文意思，学生通过生词表的信息以及生词在课文中的使用，能大体理解生词的意思，并且能疏通整篇课文了，为正常的课堂教学节省很多时间，从而为课堂教学增加操练和交流的机会。

（二）生词的讲解。在课堂教学中，可以从词汇讲解开始。词汇教学是每一课最重要的一环，因为学习生词不但是理解、运用生词的过程，也是学习课文的基础，同时在词汇教学过程中师生有很多互动和交流，老师可以通过词汇讲解向学生介绍其背后的文化背景，或者增加词汇引申出来的知识，以达到以语言为载体学习中国文化的目的。

（三）课文的学习。在上面一项的词汇讲解结束后，课文学习将会容易不少。在这个环节，老师可以减少讲解，给学生增加操练的机会。

1. 在词汇和语法的基础上，疏通课文意思。

2. 在理解的基础上，学生跟着老师读课文句子，进一步理解词汇和语法。

3. 学生之间分角色朗读课文，增加课文的趣味性。

4. 引导学生复述课文。通过复述课文，学生可以正确使用本课的生词以及语法，同时锻炼了用汉语进行表达的能力。

5. 背诵课文。背诵课文是一种很好的汉语口语操练方法，让学生进一步熟悉生词、语法、句型。

四、创新之处

文化已经成为各个国家日益重视的战略组成部分，在文化交流和传播的过程中，对外汉语教学发挥着越来越重要的作用，尤其在“一带一路”的背景下，在对外汉语教学课堂融入文化交流和传播的内容显得尤为重要。

在汉语作为第二语言的教学过程中，教学设计作为重要的组成部分一直受到对外汉语教师的重视，而词汇教学作为语言教学的开端，又贯穿于整个语言教学的过程中，在整个对外汉语教学中处于语言要素教学的中心位置。因此通过词汇教学来探讨中国文化传播是本文的一个尝试和创新。

五、教学反思

在教学前，教师必须做好功课，确定每一课的教学任务和教学目标，认真分析每个生词的义项，及其包含的引申义，尽力挖掘生词背后的文化背景和可以与学生进行交流的信息，使词汇教学变得丰富、灵动、有趣。由于预科生都具备独立思考的能力，有自己独立的思想，教师在教学过程中，尽力不要以说教的方式展开教学工作，而应以平等的方式与学生进行真诚的交流，让教学工作能更顺利展开，同时达到更好的教学效果以及文化传播效果。

博采众长,美美与共

——以“汉语语言要素及技能教学”语音篇教学为例

姚伟嘉

一、案例简介

(一)课程和案例的基本情况介绍

1. 课程介绍

“汉语语言要素及技能教学”是面向汉语国际教育专业硕士国际学生所开设的专业核心课(54课时,每次3课时),是一门跨学科的、理论知识与教学实践相统一的课程。

课程涉及的相关学科包括汉语言文字学、应用语言学、教育学、心理学、跨文化交际等。其最基础、最核心的教学内容是汉语语音、词汇、语法,汉字的相关知识及其教学技巧。课程的教学目标有三:

(1)要求学生掌握现代汉语语音、汉字、词汇、语法相关知识,及教学重点、难点,构建汉语作为第二语言教学的本体知识体系,从而更深入地理解汉语背后蕴含的中华文化;

(2)要求学生利用各自母语优势及语言学习经验,进行汉外对比,发现自己国家汉语学习者的学习难点及常见偏误;

(3)要求学生掌握基本的汉语教学方法及策略,并能根据实际教学情况进行有效利用,以提高汉语学习者听、说、读、写的能力。

课程采用“3+2”模式,即由“课前准备、课堂研讨、课后任务”的学习板块和“学生展示、师生点评”的教学实践板块构成，为学生提供合作学习、学以致用的机会。在理论学习与教学实践中，课程引导国际学生深度了解汉语的文化内涵，进一步理解当代中国，帮助他们在未来的汉语教学工作中更好地向世界介绍汉语、中国与中国文化，成为文化互通的桥梁。

2. 案例介绍

本案例“汉语拼音与汉语语音教学”取自“汉语语言要素及技能教学”第三章“语音篇”的第三节。在完成“语音概说”和“现代汉语普通话语音系统分析”两节的学习后进入本节段。

汉语拼音是学习汉字、推广普通话以及汉语作为第二语言教学的注音工具，是国际标准化组织认定的拼写汉语的国际标准。在汉语拼音输入法发展成熟、线上交流日益频繁的当下，汉语拼音对汉语教学的重要性益发明显。

本节段的教学分为七个部分：①小组报告；②翻转学习检测；③讨论：汉语拼音对汉语教学有什么意义；④讨论：进行汉语拼音教学时，需要注意什么；⑤拓展介绍：汉语注音简史；⑥对比分析 1984、2012 两版《汉语拼音正词法基本规则》；⑦布置课后任务。

其中，“小组报告”是对上节“课后任务”的检查。“翻转学习检测”是对要求预习阅读的教材章节中基本理论知识点的梳理。两个“讨论”所讨论的内容，是教材上找不到现成答案，但对国际汉硕生未来教学实践有重要帮助的“干货”。汉语注音简史的拓展介绍融入了中外合作、美美与共的故事，有助于增强国际汉硕生的使命意识。对比分析新旧两版《汉语拼音正词法基本规则》的差异，让国际汉硕生看到当代中国学者的与时俱进与客观严谨。最后的“课后任务”起着承上启下的作用，培养国际汉硕生的学术写作能力。

（二）设计意义

随着“一带一路”各国合作的深入，光依靠中国派出的志愿者及汉语教师已很难满足广大汉语学习者的需求。国家大力支持汉语国际教育专业招收国际汉硕生，就是为了培养更多知华友华且能胜任本土汉语教学的优秀教师。

但根据本人调研，国际汉硕生在入学时虽已拥有较高的汉语应用能力，但对汉语语言要素往往“知其然不知其所以然”，缺少基本的汉语教学技能，对汉语国际教育事业也没有强烈的热情。因此课程的设计紧扣“育人”主题，在提升国际汉硕生汉语教学综合能力的同时，还要强化国际汉硕生成为优秀本土汉语教师的使命意识，深化国际汉硕生对汉语及中国文化的认知与理解，增强国际汉硕生的合作意识与交际能力，并培养国际汉硕生与时俱进、勇于创新的品格。

二、思路与目标

(一) 设计思路

为专业硕士开设的专业核心课，必须“干货”满满。如“汉语语言要素及技能教学”这门课，教学内容量极大，课时却有限。在这样的情况下，我们采用了“3 + 2”的模式。课堂上特别设置了检测环节，以确保学生切实完成了上节的课后任务和规定的预习阅读。这样就省去了基本理论知识点的讲解，有了更多时间开展针对教学的深度研讨或进行拓展性介绍。学生不再一味接受教师灌输的知识，而是被鼓励分享自己的经验与思考，为自己国家的汉语学习者发声，参与每一场讨论。这种讨论是教学相长的，任课教师虽是主导，但争鸣的过程也往往会给教师很多启发。学生在此过程中则产生极大的获得感与成就感，促使他们更好地为下次讨论做准备。热烈的讨论之后，需要沉淀，书面提交的报告不但能成为本节的总结、下节的预热，更是对学生学术写作能力的锻炼。

四大“育人目标”(强化国际汉硕生成为优秀本土汉语教师的使命意识，深化国际汉硕生对汉语及中国文化的认知与理解，增强国际汉硕生的合作意识、交际能力，培养国际汉硕生与时俱进、勇于创新的品格)是被融入整个教学过程的，潜移默化，帮助国际汉硕生成长。

(二) 设计目标

1. 知识目标

(1) 分析各国学习者学习汉语语音时的难点及其产生原因；

(2) 探讨拼音在汉语教学中的重要意义；

(3) 掌握汉语拼音教学的重点，并进行国别分析；

(4) 了解汉语注音方式的历时演变及其在新时代的发展。

2. 育人目标

(1) 强化国际汉硕生成为优秀本土汉语教师的使命意识

在小组报告交流以及国别分析讨论的环节，引导国际汉硕生发现本土汉语教学的独特性以及开展相关研究的重要性，激发他们投身本国汉语教学事业的热情。在介绍汉语注音方式历时演变时，让国际汉硕生看到历史上诸多海外汉学家对汉语及中国文化的热爱与贡献，鼓励他们以此为榜样，成为新时代中国与世界文化沟通的桥梁。

(2) 深化国际汉硕生对汉语及中国文化的认知与理解

除了教材和课堂上所教授的知识，课程更要求学生进行有针对性的拓展阅读和实际课堂观摩。如：在分析本国学习者学习难点时，学生必须完成相关研究文献的搜集与整理；探讨拼音在教学中重要意义时，学生不仅要反思自身的汉语学习过程，更要结合对初级汉语课堂的观察（本专业要求学生在第一学期完成40课时的课堂观摩）。通过“课前任务”安排的1984、2012两版《汉语拼音正词法基本规则》的对比阅读，引导学生发现中国经济发展的同时，语言也在发生变化，而中国的语言工作者始终与时俱进，不断优化相关规则。

(3) 增强国际汉硕生的合作意识、交际能力

本节段的设计中只反映出同胞合作（国别小组报告）、同班合作（讨论、互评）。在整个课程设计中，还包括与同专业中国同学的合作（母语者使用调研）、与不同专业学生的合作（学习需求调研）。这些合作主要是通过课后任务与反馈，以及课堂讨

论进行的，在合作交流的过程中，不但增强了学生的合作意识、交际能力，更有助于国际汉硕生发现有价值的研究课题，为学位论文做准备。本节段为学生讲述的利玛窦、徐光启合作故事，也让学生看到中外合作古已有之，今天的年轻人更应该锐意进取，寻求更多合作共赢的机会。

（4）培养国际汉硕生与时俱进、勇于创新的品格

根据调研，不少国家的汉语教学水平仍停留在十年甚至二十年前，无论是教材还是教法都明显滞后于中国，本土教师因循守旧是导致这一现象的主要原因之一。新时代要培养的国际汉语教师，不但要有过硬的业务能力，更要勇于创新。我们在课程中设计大量讨论，就是鼓励学生立在已有成果的基础上，结合当下实际，进行思考，力图创新。

三、具体实施

教学环节	设计意图
1. 小组报告 结束上一节“现代汉语普通话语音系统分析”的学习之后，给学生的“课后任务”是按国别分组，利用 CNKI、结合自身的学习体验与观察，分析自己国家汉语学习者在学习汉语语音要素时的难点及其产生原因。在本节段开始的时候，要求各小组进行口头报告，并进行互评。	由于需要口头发表，国际汉硕生在分析本国学生语音学习难点的同时，也必然要审视自己的语音面貌。任务要求学生提前将分析报告发送给任课教师，教师给予指导。因此在课堂上发表的，是同国别小组经过修改后的成果。 这样的任务有助于巩固上节所学知识，鼓励学生阅读文献、进行汉外对比，无论对学位论文选题还是未来的实际教学都有很大帮助。 进行小组报告，培养了学生的团队合作能力；聆听、点评别组报告，也能开拓视野、增进交流。
2. 翻转学习检测 通过问答，检查学生是否完成了规定的预习阅读（《汉语作为第二语言教学——汉语要素教学》（毛悦主编，外语教学与研究出版社，2015）的第二章、第三章；）、是否掌握了汉语拼音相关的基础理论知识点。	翻转学习检测可以快速为学生梳理预习内容的基本知识点，省下更多时间开展针对教学的课堂讨论。此举也促使学生更认真地完成预习，提高学生自主学习的能力。

（续表）

教学环节	设计意图
3. 讨论：汉语拼音对汉语教学有什么意义？ (1) 在初级阶段帮助学生训练、掌握汉语语音系统。 (2) 为汉字标出正确发音，方便学生自学。 (3) 有助于分析词与词之间的语法关系。 (4) 为电脑、手机中文输入提供便利。 (5) 降低汉字带来的学习压力，快速提高学生听说能力。	利用汉语拼音进行汉语教学，可以说是新中国对外汉语教学界对世界的重要贡献。现在所有国家的汉语学习者，在入门阶段都是利用汉语拼音辅助语音学习。 这一讨论要鼓励学生根据自身学习经验，结合课堂观摩中的观察，主动表达。对于学生没有提及的部分，可通过案例引导学生发现。特别要引导学生发现第四点，并深入探讨网络时代初级汉语教学的新模式。 讨论结束，进行小结，再次强调汉语拼音在汉语教学中的重要价值。
4. 讨论：进行汉语拼音教学时，需要注意什么？ (1) 务必为学生说明拼音拼写规则（尤其是那些容易引起偏误的规则）。 (2) 强调元音的音位变体。 (3) 突出复韵母的主元音。 (4) 注意避免学生母语及英语拼读的负迁移。	由于学生缺乏教学实践经验，这部分的讨论需要用大量教学案例来引导。通过汉语学习者的实际偏误，汉硕生将发现部分初学者的语音偏误并不是因为学生未掌握发音方法或发音部位，而是由于不了解拼音拼写规则（如：撮口呼以及 iu, ui, un 等）或受母语文字拼读的负迁移（如：e、c、j、q、h 等）导致的。由于是学生“自己”发现，对这些要点的记忆也会更深刻。在针对第四点的讨论中，将再次展开国别讨论，促使各国学生进一步思考针对本国学习者的语音教学中需要注意的问题。
5. 拓展介绍：汉语注音简史 西汉直音法→东汉末年反切法→1605 年利玛窦《西字奇迹》→1626 年金尼阁《西儒耳目资》→1822 马礼逊《华英字典》→1867 年威妥玛《语言自迩集》→1913 注音字母→1928 年国语罗马字拼音→1958 年《汉语拼音方案》	在大多数汉硕教材中，极少有介绍汉语注音发展历史的内容。但汉语注音方式的发展，正是中外文化交流的明证——从东汉末年受梵语影响出现的“反切法”，到 17 世纪利玛窦、金尼阁等人开始使用拉丁文注音，再到 19 世纪马礼逊、威妥玛等人创设的拼音。这些具有开拓性的注音法，在当时其实都是由外国学者和中国学者合作完成的，其中最有名的便是利玛窦与徐光启。而新中国的汉语拼音更是兼容并包、博采众长的成果。这样“美美与共”的中国故事，让年轻的国际汉硕生看到合作、创新的重要性，也能增强他们的使命意识。

（续表）

教学环节	设计意图
6. 找茬游戏：对比分析 1984、2012 两版《汉语拼音正词法基本规则》	《汉语拼音正词法基本规则》规定了用《汉语拼音方案》拼写现代汉语的规则。作为汉语教师，必须认真研读。这一环节，我们将学生分为两组，用“找茬游戏”让他们罗列 1984、2012 两版《汉语拼音正词法基本规则》的差异。采用游戏比赛的形式，有助于活跃课堂气氛，刺激学生踊跃发言。 通过对比，能明显看到 2012 版《规则》确实后出转精。这反映出中国的语言学家关注社会语言生活的发展变化，能与时俱进、实事求是地对作为国家标准的《规则》进行修订。
7. 布置课后任务 针对各国汉语语音学习阶段的重点、难点，基于已有的研究成果，给出自己的教学对策。【提交书面报告】	下一节内容是“汉语语音教学对策与技巧”。虽然部分教学技巧是放之四海皆准的，但作为本土教师，必须发掘、创新更多适合本国学习者的对策与方法。为提升每位学生的创新动能以及学术写作能力，此次任务要求单独完成，以书面报告形式提交。

四、创新之处

（1）采用“3 + 2”模式进行教学，充分延展课堂，激发学生自主学习动能，通过“小组发表”“翻转学习检测”“找茬游戏”等环节检查学生自主学习情况，大大提升课堂时间利用率；

（2）采用发表、研讨、游戏等多样方式，为学生提供合作、互动、表达个人观点，特别是代表自己国家汉语学习者表达观点的机会，不但训练了学生的口头学术表达、拓展了视野，也增进了班级凝聚力；

（3）用实际教学案例作为“脚手架”，引导学生“自己”发现要点，有助于记忆，更有助于他们未来的教学实践；

（4）通过汉语注音史上中外学者创新合作的佳话，增强国际汉硕生的使命意识和对汉语国际教育事业的热爱。

五、教学反思

由于同济大学的汉语国际教育专业硕士中国学生为非全日制培养(双休日上课),国际学生为全日制培养,他们彼此交流的机会较少。这对于“汉语语言要素与技能教学”这门课的思政设计是有一定影响的。如果两类学生能同班学习,中国学生能向国际学生展现新时代中国青年勤奋、好学、勇于创新的风貌,成为良好的榜样;而国际学生对于汉语和中国文化的热爱,能加强中国学生的“四个自信”,为所肩负的“汉传天下”使命感到光荣。

但由于学生培养形式不同,汉语水平能力差异较大,同班授课并不现实。拟设计适合同班授课的节段,在双方充分准备的基础上开展讨论,如此便能两全其美。

家事国事，事事关心

——以时事新闻在“汉语泛读”课程中的教学为例

郑　婕

一、案例简介

（一）课程和案例的基本情况介绍

1. 课程介绍

该课程是面向中国政府奖学金来华预科留学生开设的汉语课程，属于主干课程。预科生经过一年的汉语强化学习以后，就会进入专业院校学习专业。预科阶段的学习不仅需要帮助学生掌握生活汉语、用汉语熟练交际，还需要掌握大量的专业汉语词汇及学术类汉语的特定语法结构，同时还要让学生尽快理解中国文化、了解中国人的思维方式，提升学生的文化认同感，从而提升学习热情。

学生需要通过大量的阅读输入，大幅扩展词汇量，不断复习句式语法点，广泛地了解中国社会文化。但是课内的生词量、阅读量远远不能满足学生的升学考试需求，更无法满足学生在下一年进入专业院校后与中国学生同堂上专业课的需求。所以我们必须在课后增加大量的泛读材料解决这些问题。

2. 案例介绍

在学生的汉语达到一定水平后，便经常增加一些时政类、科技类、体育类的新闻作为泛读材料。这样进行设计的目的，不仅是要增加学生的词汇量、提高阅读能力，还可以通过新闻让学生了解中国最真实的国情，通过新闻中的人、事让学生理解中国精神的表现。

2020年最大的新闻莫过于疫情了。疫情让刚刚在寒假中得以放松的预科生紧张了起来,随之焦灼不安的还有他们的家人。由于汉语水平有限,无法全面、准确地获取信息及防护方法,这更加加重了他们的焦虑情绪。他们不仅无法安心学习,甚至还有可能由于焦虑出现一些心理问题。在这段特殊的时间,利用微信群,每日推送一条内容恰当、符合学生汉语水平的新闻素材作为泛读材料,并在群内用语音或文字留言讨论,这不仅提高了学生的汉语阅读能力,更是一个让留学生全面了解中国、理解中国社会主义核心价值观的好途径。

(二) 设计意义

新闻可以客观、及时、准确地反映时代的特征,阅读新闻是学生需要掌握的一项技能,并且是他们乐于接受的一种形式,能较好地引发读后讨论,全方位地训练语言能力。

带领学生读新闻,既能提高学生的阅读能力,又能通过新闻中的人物、事件让学生了解中国的国情。在疫情期间,读新闻的方式就发挥了很大的作用。新闻用学生听得懂的方式传递了中国精神,使他们理解中国政府应对疫情的措施、全国上下共克时艰的行动,使学生自觉主动地配合学校的防控管理,缓解学生的焦虑情绪并通过他们传递给他们的家人,让他们的家人放心,同时还使他们学会了许多医学专业术语。达到了将教书育人、管理育人、文化育人融入教学中的目的。

二、思路与目标

(一) 设计思路

让学生了解中国国情、了解中国精神,是对外汉语教师身上的一项不可推卸的责任。对外汉语教师,往往是留学生深入接触的第一个中国人,教师的一言一行在留学生眼中就是中国人的代表。但是一名教师是无论如何也不能靠自身去展示全部中华优良美德的,通过课内使用的教材也不足以让学生全面了解中国。在众多的阅读教学内容下,更有效地提高阅读技能、阅读理解程度,让学生花较少的气力学到较多的内容,"读什么""怎么读"是汉语教师面临的艰巨任务。

新闻材料恰好可以充当这样的角色、起到这样的作用。新闻具有公开性、真实性、时效性、准确性,可以客观、公正、及时地让学生了解社会热点与文化,可以让学生知道一些名人事迹以及中国政治经济发展状况。根据学生的语言水平、知识结构、年龄特点、兴趣爱好,选择适当的新闻材料是一种事半功倍的做法,既可以提高阅读能力,又可以了解以汉语言社会和中华文化为背景的社会百科知识。

新闻中往往会包含时间、地点、人物,事件的起因、经过、结果六大新闻要素,即Who(何人)、What(何事)、When(何时)、Where(何地)、Why(何因)、How(如何)。五个"W"和一个"H"恰恰是学生在泛读时需要捕捉到的关键信息。新闻材料很适合练习提问与回答,是合适的泛读材料,可以弥补课内教材中时效性不足的缺点。

(二) 设计目标

1. 知识目标

扩大学生的词汇量。汉字作为最小的语素单位,它的构词能力是非常强的,一个常用字可以组成大量的现代汉语词语。这些词语是无法在课堂内一一展现的,通过阅读新闻材料,可以使学生扩大词汇量。在一定语境中,根据上下文去猜测词语意义、根据单字的偏旁部首去猜测字义、词义,这是学生需要掌握的技能。

2. 能力目标

培养学生的阅读能力,具体包括:①提炼文章主题的能力,即统揽全局,领会主旨的能力。②判断作者基调的能力,引导学生设法领悟作者的观点是肯定还是否定。③理顺语篇的逻辑关系、提炼语篇框架的能力,学生需要对篇章结构的分析、推断、归纳和总结的能力。④理解难句及猜测生词含义的能力。⑤培养学生的理解性与评论性相结合的复合性阅读技能。

培养学生快速阅读的能力,要求学生在规定时间内进行阅读,学生无需预习,当场在老师根据阅读材料的总字数设定的时间内完成阅读,新闻材料可以很好地完成这一任务,新闻的时效性使学生无法提前预习、准备。提升略读(skimming)和跳读

(scanning)等阅读技巧。略读是指跳过不重要的部分,把握文章的主旨;而跳读则是指读者在文中寻找有用的信息而忽略不重要的信息,不需要逐字逐句地阅读。

3. 文化目标

中国文化不只是书法、功夫、包子、月饼,中国文化的核心是中国人的思维方式。让留学生通过新闻中的人、事,通过中国人的行为方式,理解中国人的思维方式、中国人的家国情怀,这是我们希望实现的文化目标。

2020年2月1日选取了《为什么偏偏是你,同济英雄》,这篇新闻以一个上海的小学生写给妈妈的信开头,妈妈是同济医院的护士,参加了支援武汉的行动。孩子在信中表达了对妈妈的思念与担心,问妈妈:"为什么偏偏是你去?"妈妈的回答是:"因为不去,我会遗憾终生。"小学生与妈妈的对话,反映出小家庭与大国家之间的矛盾,正是有上千个这样的舍小家、为大家的妈妈奋战在武汉的医院中,才使得千百万个小家得以健康、幸福。

2020年2月2日选取《战疫关头,同济人在行动!学子原创歌曲〈相信〉为中国加油!》的新闻,新闻的内容是同济大学外语学院的一名学生创作的歌曲《相信》,"……我们一定要相信这一切会变好,不论此刻有多么难多么煎熬,一方有难八方支援,齐心协力共渡难关,共同期盼春暖花开的那一天,我们一定要坚信这一切会变好……"医护人员可以奔赴一线,直接与病毒斗争,其他人同样可以用自己的方式去给处于病痛折磨中的人带去安慰。歌词中传达的积极情绪表达了全国上下共克时艰的决心,也表达了自己对国家的祝福。音乐是年轻的留学生更容易接受的一种形式。

这两篇新闻的语言都比较简单,适合学生的阅读水平。新闻中的主人公又是同济大学的师生,瞬间可以让学生体会到这就是发生在我们身边的人和事,拉近了留学生与新闻的距离。通过新闻中表现出来的身处不同岗位的普通人面对疫情时的所做所想,引发学生之间的讨论——"我们可以做点儿什么",引导学生去理解中国文化中的"家国情怀"。家是最小国,国是千万家。

4. 育人目标

“培养什么人”是需要每一个教师不断思考的问题，对外汉语教师也不例外。丰子恺先生曾说过，人的生活有三种境界，一种是物质的境界，大致在衣食住行的层面；一种是精神的境界，主要指文学艺术等雅致和情趣；一种是灵魂的境界，那就是有理想，有终极关怀，有博大情怀。人们把教师比喻成“人类灵魂的工程师”，就是要不断引导学生达到真善美的境界，真善美是无国界的。

选取可以反映中国人精神面貌、体现中国精神的新闻，比如在2020年1月16日选取了《医生带病坚持工作》这篇新闻给学生阅读。新闻中一名医生带病坚持工作、累倒在手术台上的事例引起了大家的讨论。这个班级的学生都是医学专业的，是未来的医护人员，大家就“如果自己是这名医生，会选择在家休息还是救治病人”展开了热烈的讨论。很多同学意识到救死扶伤是医生的使命，在危急的时候，还是要首先考虑患者的需求，把个人的感受放在其次。这就是医生所应具备的最基本的医德。一名普通医务人员的事例感染了留学生。

三、具体实施

在学生经过一个学期的汉语学习后，他们已经储备了一些汉语字词，具备了一些汉语阅读能力。进入寒假时，假期作业的一项即为全班同学轮流每天有一名同学将自己感兴趣的新闻或旧闻发送到班级微信群中，要求用汉语转述。学生在将转述的新闻发送到微信群之前，会先发给老师修改语法错误。教师也会在适当的时候补充合适的新闻，发送到微信群中。大家在阅读后，在微信群内发表自己的意见与看法，大家一起讨论，语音形式或文字形式都可以。

学生荐读的新闻如《春运开始，电子客票》《英女王全力支持哈里和梅根开始新生活》《2019年度汉字——华》等，每个学生有不同的兴趣点，他们会根据自己的喜好选择相应的新闻，这样大家就可以读到多样的新闻。兴趣性原则是尤为重要的，学习者对阅读材料能否产生浓厚的兴趣是教学成败的关键。让学生选择自己感兴趣的新闻，就是激发学生阅读兴趣的一种很好的形式。学生要自己先经过大量的阅读，才能筛选出自己认为适合推荐给大家的文章。以学生的眼光选出的文章，其他的学生也很有可能会感兴趣。这样就激发了学生的阅读兴趣与阅读数量。

教师也会选取合适的新闻进行导读。所选取的新闻大都是来自《中国日报》官方微信、同济大学官方微信、学习强国等平台的时政类新闻。

四、创新之处

在零起点留学生的教学中，由于考虑到学生的汉语水平，基本上是在使用课内教材，或者是一些根据留学生汉语水平编写的阅读材料。这些材料中使用的绝大多数都是学生已经学过的词语，学生习惯了字斟句酌地去阅读。但是这种阅读方式不适应预科生的需求，他们进入专业学习后面对大量的、满篇生词的阅读材料时，是无法适应的。

本案例将难度较小、题材适合留学生阅读的新闻材料创新性地作为泛读材料，增加到平日的教学中，不仅提升了学生的阅读能力，还通过新闻中的人与事使学生了解到中国的国情、感受到社会主义核心价值观在中国人身上的具体体现。用为社会做出突出贡献的先进人物、感动中国的小人物的言行去感染留学生。做到了全员育人、全程育人、全方位育人，将“三全育人”的理念融入留学生汉语教学中。

五、教学反思

（一）教学效果

为了保证学习效果，在学生荐读时，要求他们把出现的生词标注了出来。生词表应该晚于文章的发送时间，这样可以更好训练猜测文章大意、词义的能力。另外还应该提炼固定的新闻句式进行讲解，这样有助于学生较好地掌握新闻类文章的阅读技巧，提高他们的阅读能力。

（二）教学形式

虽然所有学生都能参与到新闻荐读活动中，但是总是有个别学生不参与讨论，有些学生是觉得自己的汉语不够好，也有一些学生是由于时差问题或者网络问题，看到大家的讨论时已经距离讨论相当长一段时间了。今后在教学活动的组织上还是要多花心思。

第二章
文化文学类课程教学案例

交流互鉴，命运与共

——以“人类命运共同体构建：中外文化比较”的教学设计为例

陈毅立

2013年3月23日，习近平总书记在莫斯科国际关系学院发表题为《顺应时代前进潮流　促进世界和平发展》的重要演讲，提出了“命运共同体”。习总书记指出：“这个世界，各国相互联系、相互依存的程度空前加深，人类生活在同一个地球村里，生活在历史和现实交汇的同一个时空里，越来越成为你中有我、我中有你的命运共同体。”①可见，命运共同体是基于世界各国你中有我，我中有你的相互依存，相互包容的这一客观事实。为实现“人类命运共同体”理念，就不能固步自封、夜郎自大，而要注重文化的交流互鉴，积极吸收各国文明的优秀之处。正如习总书记所言：“文明因多样而交流，因交流而互鉴，因互鉴而发展。我们要加强世界上不同国家、不同民族、不同文化的交流互鉴，夯实共建亚洲命运共同体、人类命运共同体的人文基础。”②

本文选取“人类命运共同体构建”中外文化比较”课程的第一讲“中外语境中的文化内涵与外延比较”作为案例教学对象，一是旨在启发学生对日常生活中因司空见惯而被等闲视之的“文化”“文明”等概念进行学术性、辩证性思考；二是力图勾勒出中外语境中“文化”“文明”在内涵及外延上的共通性与差异性，明确产生差异的中外精神土壤与历史背景；三是致力于提升中国学生的文化自信，同时促进国际学生

① “顺应时代前进潮流　促进世界和平发展”——习近平在莫斯科国际关系学院的演讲，人民网—人民日报海外版，2013年03月25日。

② 习近平谈治国理政(第三卷)[M].北京：外文出版社.2020：468.

对中华文化的理解与认知，最终助力推进中外人文交流，为夯实人类命运共同体添砖加瓦。

一、课程简介

1. 课程目标

本课程是一门跨学科的、理论与实践相统一的课程，开设一学期，每周2课时，计1.5学分。所涉及的学科包括语言、文学、历史、教育、传播、建筑、社会学等。课程旨在帮助学生全方位、多角度地深入了解中外语言、文化和教育的特点和规律，掌握跨文化交流技巧，提高专业素养和技能。

本课程以同济大学国际文化交流学院的优秀师资为基石，同时邀请海内外知名专家共同参与，联袂打造。课程围绕知识和能力两个重点，系统解读中外文化的历史发展进程及其多元化内涵，通过比较分析中外哲学精神、政治体制、法律体系、文学艺术、社会价值观、伦理观的异同与典型特征，帮助学生系统掌握中外文化的本质和精髓，启发学生学术思维，提高学生对中外文化的理性认识，加深学生对世界文化多元性的思考，从而使之具备世界性眼光和开阔的多文化视野，切实深化学生对"人类命运共同体"理念的认知。

作为汉语国际教育硕士专业的专业选修课，自开设以来深受广大中外学生欢迎。2019年末，突如其来的新冠疫情对传统的线下教学模式提出了新挑战，课程组成员又一次发挥了"在危机中孕新机，于变局中开新局"的精神，积极探索线上课程的教学模式与方法，进一步优化教学内容，课程在2020年度获评同济大学研究生线上精品课程，未来计划面向全校中外研究生开放。

2. 课程内容

本课程主要由三大系列模块组成。

(1) "文明互鉴"与中外文化比较模块

该模块的课程全面而系统地对"文化""文明""传统""创新"等核心概念的内涵

和外延进行界定，力图建立一个立足于东亚传统与文化主体性和话语体系的研究框架。回答在当今这样一个瞬息万变的新时代，面对层出不穷的新思想、新技术、新潮流的冲击，我们应当如何对待传统文化，如何对待他国文化。梳理、归纳、提炼文明互鉴及跨文化交流的基本原则、具体方法与必要视野。

与此同时，让国外文化成为思考、分析中华文化，解读中国社会的他山之石，增强学生对中国传统文化内涵式发展的理解，提升学生对当代中国价值观的认同，强化学生的文化自信。

(2) “一带一路”与中华文化国际传播模块

该模块重点讲授传播到世界的中华文化元素，让学生了解传播的背景、途径及原因，从而总结出中华文化走向世界的规律。课程旨在帮助学生掌握中华文化传播的基本原理和基本途径，培养学生对文化传播现象的批判性思考和分析读解能力，以及传播中华文化的实践能力。

本模块同时注重文化传播的案例分析，在讲授相关的理论后，通过对一系列典型的个案文化符号(文本、现象、物件)和文化现象的传播来展示传播过程。通过本模块的学习，学生将对中国优秀传统文化的核心特征、文化传播的方式等形成较为全面、客观、系统的认知。

(3) 国际中文教育模块

该模块的课程以新时期国际中文教育面临的机遇与挑战为切入点，宏观与微观相结合，全面解读国际中文教育中“教师、教材、教学法”的“三教”问题。

课程涵盖了新时期国际中文新手教师的成长，教学资源的融合、利用与共享，国际中文课堂新技术手段的运用，具体教学内容革新的路径与方法等方面。充分考虑了汉语的类型学特征，理论与实践相结合，整体与个案相结合，帮助学生提高教学要素选取的准确性、教学方法运用的有效性。

3. *考核要求*

本课程考核方式以撰写课程小论文为主，小论文字数不少于 3 000 字。课程成绩是将平时成绩、课程论文按比例进行评定。平时成绩包括课堂讨论、发言、文化教学活动设计、出勤率等。

二、案例的设计与实施

1. 以问题为导向，培养学生对文化现象及思想观念的学术思辨能力

当今社会，“文化快餐”现象不断向学术界渗透。受其影响，学生往往过于追求速成、通俗的内容，对日常生活中习以为常使用的概念往往缺乏足够的认知与深入的思考。而这些概念的背后往往孕育着一个重要且复杂的学术性问题。

鉴于此，本次课上，教师立足于学生的思辨能力的培养。首先抛砖引玉：“文化”一词耳熟能详，当你走进书店，从琳琅满目的书架上可以找到各种各样有关文化的书籍。《中国文化史》《外国文化史》《语言文化研究》《文化战略》……可谓汗牛充栋！究竟什么是“文化”？“文化”的内涵和外延究竟是什么？能否举例说明你所感兴趣的文化现象？“文化”和“文明”可以互换吗？如果不能互换，两者的差别又在哪里？……通过这一系列的提问，激发学生的好奇心与求知欲望，让他们认识到概念、定义的重要性，养成对日常生活中各类司空见惯的问题进行学术性、思辨性探索的习惯。

2. 以比较为方法，以世界为视域，增强学生的跨文化能力，拓宽学生的国际化视野

根据课程思政的要求，此处恰如其分地引用习近平总书记在2018年1月5日学习贯彻党的十九大精神研讨班开班式上的重要讲话：“只有回看走过的路、比较别人的路、远眺前行的路，弄清楚我们从哪儿来、往哪儿去，很多问题才能看得深、把得准。”

在此基础上，顺理成章地比较“别人的路”，探索在西方的语境下“文化”一词是如何定义的？如何被解释的？首先援用英国学者爱德华·泰勒对“文化”的定义：

Complex whole which includes knowledge, belief, art, law, morals, custom, and any other capabilities and habits acquired by man as a member of society.

其总结并归纳出西方语境中“文化”一词蕴含的四大内容。

接着对中文语境中“文化”一词进行解读。可先介绍中华文化经典《易经》，告诉学生中国人善于用比较简单的符号来代表某种文化的蕴意，《易经》其实就是这样一部书籍。当中说太极即无极，无极是太极，太极生两仪，两仪生四象，四象生八卦，八卦又生六十四卦，可以无限延伸下去，而且卦与卦可以组合，形成新卦，并赋予新的含义。《易经》中蕴含了丰富的宇宙观、人生观、政治观。然后引用彖辞中的内容：“刚柔交错，天文也；文明以止，人文也。观乎天文以察时变，观乎人文，以化成天下。”

此处教师可以提示学生：在这段文字中出现了“文明”一词，但还未出现完整的“文化”表达，进而引出将“人文化成”二合为一的人是西汉的刘向。他写道：“圣人之治天下也，先文德而后武力。凡武之兴，为不服也。文化不改，然后加诛。”

3. *以文本阐释为路径，增强学生对中华优秀传统文化的认同，提升人类命运共同体意识*

基于刘向的上述文本，教师可进一步对其展开阐释，从而突出中华传统文化讲究的是以德服人，以德治国。结合《论语》的内容：“为政以德，譬如北辰。居其所而众星拱之。”为什么呢？因为有道，有仁，所以大家能够对你心悦诚服。但是，并非所有对象都能以理服人，有的人、有的国家甚至会主动挑起事端。这时应如何应对？中国不想打仗，但也不惧怕打仗。“先文德后武力”讲的其实就是这个意思。中国是一头睡醒的雄狮，但是这头雄狮不会主动攻击别人，而是一头和平的、亲切的狮子。

通过文本阐释和拓展，一是向学生展示了中华优秀传统文化的特质，强调中华民族自古以来就比较内敛，比较有克制，主张“以理服人”，提倡中庸，讲究韬光养晦、天人合一、物我融合。二是向学生彰显中国政府的立场，中国历来谋求国家、民族之间的平等对话，主张和而不同。可再次引用习近平总书记在亚洲文明对话大会上的发言：“人类只有肤色语言之别，文明只有姹紫嫣红之别，但绝无高低优劣之分。认为自己的人种和文明高人一等，执意改造甚至取代其他文明，在认识上是愚蠢的，在做法上是灾难性的！”

向学生证明正因为文化、文明具有多元性、多样性，才需要、也可以进行对话，凸显文明互鉴交流的重要性与必要性，不断强化学生“各美其美、美人之美、美美与共”的积极向上的人生态度。

三、课程创新及特色

1. 本课程适应了新时代对国际中文教育人才培养的新定位和新要求

2019年，国务院副总理孙春兰在国际中文教育大会上指出，语言是沟通交流的桥梁纽带，各国对学习中文的需求持续旺盛，汉语人才越来越受到欢迎。很多国家将中文纳入国民教育体系，在大中小学开设汉语课程，支持企业、社会组织参与中文教育，促进了中外人文交流、文明互鉴和民心相通。

由此可见，新时代国际中文教育的根本宗旨在于“促进了中外人文交流、文明互鉴和民心相通”。本课程通过对中外不同文化、思想、语言、教育、建筑、社会等不同领域的全面系统的解读，有助于学生更全面、客观地了解世界，吸收和学习他国的优秀文化和先进科学技术，促进国家的繁荣昌盛。

2. 本课程切实提升了学生的文化自信

习总书记在哲学社会科学工作座谈会上指出，没有高度的文化自信，没有文化的繁荣兴盛，就没有中华民族伟大复兴。坚定中国特色社会主义道路自信、理论自信、制度自信，说到底是要坚持文化自信。文化自信是更基本、更深沉、更持久的力量。

本课程在授课过程中不仅借鉴历史，弘扬中华优秀传统文化，同时立足当代，着力讲述改革开放以来中国取得的一系列发展成果，探讨多领域中国发展特点与发展规律，既有助于学生对中华文化的鉴别、扬弃、传承与创新，又通过以古鉴今、洋为中用，实现筑牢文化自信的目标。

3. 本课程突破了"修昔底德陷阱",增强了人类命运共同体意识

亨廷顿曾提出著名的"文明冲突论",其中的主要观点是:未来世界里,国际冲突的主要根源将不再是意识形态或经济因素,而主要来自文明方面的冲突。尤其是伊斯兰文明和儒家文明,可能会联合对西方文明提出挑战。

文明之间是否只存在冲突?答案是否定的。本课程通过对不同领域、不同维度的中外文化进行比较,让学生理解坚持相互尊重、相互平等,坚持开放包容、互学互鉴的迫切性、重要性和必要性。告诉学生只有克服"你输我赢""赢者通吃"的霸权主义,世界各国才有可能实现政治、经济、社会、文化、生态文明等多领域的合作共赢,才可能实现世界的和谐与稳定。遵循人类命运共同体理念,贯彻落实文明互鉴的具体实践是避免民族、宗教、文化冲突的根本保障。

4. 本课程共享校内外优质师资,扩大了知识辐射效应

突如其来的疫情,给传统的线下授课方式带来了极大挑战。尤其是国际学生至今无法入境来华,因此课程依托 ZOOM 及腾讯会议等平台,集结海内外优质的教师资源与高端引智专家,通过线上直播的形式为学生授课。直播过程注重师生互动。每次课程结束后将借助问卷星等小程序,及时收集学生对课程内容的反馈、诉求、感想、体会,通过 canvas 平台或微信群进行答疑解惑、交流分享,同时也作为学生期末总成绩的判断依据之一。

另一方面,本课程兼顾非全日制硕士生因分布在全国各地,受地域、时间等客观原因制约,无法充分享受学校、学院提供的优质线下讲座等教学资源,为参加一次讲座而疲于奔命等情况。期冀通过缔造带有回看功能的线上精品课程,让校内外的优质教师资源得到共享,同时能解决学生在时间成本、经济成本以及学习效率方面的问题。未来本课程面向全校研究生甚至校外院校开放,进一步提升课程的辐射作用以及同济大学的品牌效应。

结语

当前世界,各国相互联系、相互依存的程度空前加深,人类生活在同一个地球村

里，生活在历史和现实交汇的同一个时空里，越来越成为你中有我、我中有你的命运共同体。“人类命运共同体构建：中外文化比较”课程将再次告诉我们，应站在人类命运共同体的立场，来化冲突为对话，化竞争为合作，化矛盾为共赢。

诚实守信，为人之本

——以《一诺千金》的教学设计为例

凌璧君

一、案例简介

（一）课程和案例的基本情况介绍

1. 课程介绍

《高级汉语 1》是汉语言（经贸）专业留学生的一门专业基础课程，教学对象为三年级第一学期的学生。该课程选材广泛，所用语料包括社会生活、自然科学、中国文化、道德法律等内容，体裁多样，语言规范、优美，重在体现人文精神、突出人类共通文化。通过教学，可进一步丰富学生的汉语基础知识，提高学生的汉语应用水平，并且引导学生欣赏汉语篇章表达的丰富性和多样性，体味和感受中国文化。

2. 案例介绍

本案例通过对课文《一诺千金》的讲解，从课文中的“守信”思想出发，引申到中国传统文化中的诚信思想，以此进一步加深对本科生的诚信教育。在教学过程中，从作者创作主题、重点字词、课后作业等方面，同时结合中国历史故事，围绕中国传统诚信观的内涵和特点，以及与西方信用理念的对比，来向留学生宣扬中国传统的诚信思想，从而加强留学生的诚信意识，加深对中国传统文化的理解和认同。

（二）设计意义

大学本是培养学生独立人格、激发学生创新思维的地方，但是最近大学生中的“诚信缺失”现象也日渐严重，例如近年来毕业论文抄袭、代写事件屡见不鲜，考试作弊现象也是屡禁不止，因此如何改善大学生诚信意识薄弱这一问题，正成为目前大学生思政和德育教育的重点和难点。从课文出发，结合中国传统文化中的诚信思想，通过对成语和历史故事的讲解，将诚信教育融入汉语的学习，通过这种润物细无声的方式，一方面加强了学生的诚信教育，另一方面也传播了中国传统文化，有助于培养留学生知华友华的情感。

二、思路与目标

（一）设计思路

课文《一诺千金》通过讲述作者亲身经历的两个事件，阐述了信守承诺的重要性："一诺千金看来只是一种作风，一种实在，一种牢靠，可它的内涵涉及对世界是否郑重。诚挚、严谨的人做人做事自然磊落，落地生根，一言既出，驷马难追。那种准则的含义已超出了本身，而带着光彩的人类理想和精神、正气在其中。"以课文为起点，进而引申到中国古代的诚信思想的根源与内涵，结合与西方信用观念的对比，从而达到提升留学生的诚信意识、帮助留学生更深入地了解中国传统思想与文化、理解中国的核心价值观的目的。

（二）设计目标

1. 育人目标

按照"三全育人"的指导思想，大学要培养价值观端正、知识丰富、能力全面的学生。其中，特别重要的是塑造学生健全的人格、向善的人性和高尚的人品。这一教学案例的育人目标就是培养、强化大学生的守信意识。从课文中的两个"守信"的小故事说开去，扩展到中华传统诚信思想的介绍，进一步引申到中西诚信思想的对比，让大学生对"守信"这一概念具有更深刻的认识，并能从对课本内容的思考引申到对自身行为操守的反思。

2. 知识目标

(1) 有关诚信的成语：

◆ 课内词语：一诺千金、一言既出，驷马难追

◆ 近义词：一言九鼎、言而有信、金口玉言、言信行果

◆ 反义词：轻诺寡信、信口开河、言而无信

(2) 有关诚信的经典语句：

◆ 民无信不立。——孔子

◆ 诚者，天之道也；思诚者，人之道也。——孟子

◆ 夫轻诺必寡信，多易必多难。——老子

◆ 真者，精诚之至也。不精不诚，不能动人。——庄子

◆ 言不信者，行不果。——墨子

◆ 小信诚则大信立。——韩非子

3. **文化目标**

(1) 中国传统诚信观的内涵；

(2) 中国传统诚信观的特征；

(3) 中国传统诚信观与西方信用理念对比。

三、具体实施

(一) 课文导入

1. 从汉字"信"的讲解引入"诚信"这个话题。"信"，从人，从言，人的言论应当是诚实的。本义：真心诚意，"信，诚也。"《说文》："信，言合于意也。"《墨子经》后引申为动词，义为相信、信任。

2. 你听说过"守信用"这个词吗？你觉得应该怎样评价"守信用"这种行为？你在和别人相处的过程中，肯定遇到过别人说话算数或不算数的情况，这时候你会有什么不同的感受？

3. 课文讲的是两个"守信用"的故事，下面我们来学习课文，学习的同时请你想一想对课文中的人物和所表达的主题的看法。

(二) 生词讲解及扩展

1. 课内词语讲解:以“一诺千金”为例

(1) 词语解释:许下的一个诺言有千金的价值;比喻说话算数,极有信用。出自《史记·季布栾布列传》:“得黄金百斤,不如得季布一诺。”

(2) 为加深学生对于该成语的理解,补充成语故事(见附录),以动画视频的形式呈现,之后就动画中的故事内容进行简单提问,考察学生是否看懂并掌握这个成语故事。问题:

季布是谁?他的性格怎么样?

“得黄金千两,不如得季布一诺”这句话是怎么来的?

2. 扩展与“守信”相关的成语与名言

◆ 一言既出,驷马难追:一句话说出了口,就是套上四匹骏马拉的车也难追上。指话说出口,就不能再收回,一定要算数。

◆ 一言九鼎:鼎,古代礼仪中的重器。九鼎,禹收九牧之金铸九鼎,以象九州。一言九鼎形容说话很有分量。

◆ 金口玉言:原指皇帝说的话,后亦泛指不可改变的权威性的话。

◆ 言信行果:出自《论语·子路》:“言必信,行必果,硁硁然小人哉。”意思是:说出的话一定要足以信任,行动了就一定要有结果。

3. 扩展与“守信”相反的成语与名言

◆ 轻诺寡信:轻易答应人家要求的,一定很少守信用。出自《老子》六十三章:“夫轻诺必寡信,多易必多难。”

◆ 信口开河:比喻随口乱说一气,指说话没有根据,不可靠。

◆ 背信弃义:意思是违背诺言,不讲道义,多指朋友间出卖友谊,多用于揭露、指责、谴责的场合。

◆ 出尔反尔:原指你怎样对付人家,人家就会怎样对待你。现多指自己说了或做了后,后来又反悔。比喻言行自相矛盾,反复无常,说话不算数。

(三) 作者介绍

作者秦文君,1954 年生于上海,儿童文学作家,现任上海市作家协会副主席、中国作家协会全委会会员、《中国儿童文学》主编。出版作品 600 多万字,其中包括《男生贾里全传》《女生贾梅全传》《宝贝当家》《一个女孩的心灵史》《会跳舞的向日葵》等 50 多部作品。作品先后 50 余次获得国内外大奖、10 余次被改编成影视剧,10 多篇作品被收入中小学语文课本,并获得 2017 陈伯吹国际儿童文学奖年度作家奖。

(四) 课文讲解并引发思考

1. "我"做女孩时与那个男生之间发生了一件什么事?

2. 那个男生为什么要向"我"借钱? 他是怎么还钱的?

3. "我"是怎么评价那个男生的行为的?

4. "我"与那个男生只交往了一次,但为什么会留下"绵长而深切的震撼"?

5. "我"在大雨中等人时,又遇到了什么样的事情? "我"为什么更爱回想那两个相会在暴雨中的少年?

6. 在"我"看来,雨中等人的"少年"和相约见面的"朋友"的行为差异说明了什么?

7. "我"对"一诺千金"有什么样的看法? 为什么如此看重"一诺千金"这种品质?

8. 读完全文,你对"一诺千金"这个词有什么新的理解? 简单谈谈你对这个词或文章内容的看法。

9. 你认为"一诺千金"这种价值观在现代社会中还有存在的意义吗?

10. 说说你遇到的一件"一诺千金"或正好相反的事,谈谈你自己的感受。

(五) 文化扩展与引申

1. 补充与"守信"相关的经典语句及人物背景介绍

◆ 民无信不立。——孔子

孔子(公元前 551—公元前 479 年),姓孔,名丘,字仲尼,鲁国陬邑(今山东曲阜)人,祖籍宋国栗邑(今河南夏邑),中国古代思想家、政治家、教育家,儒家学派创始人。孔子开创私人讲学之风，倡导仁义礼智信。有弟子三千，其中贤人七十二。去世后，其弟子及再传弟子把孔子及其弟子的言行和思想记录下来，整编成《论语》。

◆ 诚者，天之道也；思诚者，人之道也。——孟子

孟子(约公元前372—公元前289年)，姓孟，名轲，字不详(子舆、子居等字表皆出自伪书，或后人杜撰)，战国中期鲁国邹人(今山东邹城市东南部人)，当地距离孔子的故乡曲阜不远。孟子是著名的思想家、政治家、教育家，孔子学说的继承者，儒家学派的重要代表人物。相传孟子是鲁国贵族孟孙氏的后裔，幼年丧父，家庭贫困，曾受业于子思(孔伋，孔子的孙子)的门人(指学习于某人的弟子)。学成以后，以士的身份游说诸侯，企图推行自己的政治主张。当时几个大国都致力于富国强兵，争取通过武力的手段实现统一，而他继承了孔子"仁"的思想并将其发展成为"仁政"思想，被称为"亚圣"。

◆ 夫轻诺必寡信，多易必多难。——老子

老子，姓李，名耳，字聃，一字伯阳，或曰谥伯阳，春秋末期人，生卒年不详，籍贯也多有争议。中国古代思想家、哲学家、文学家和史学家，道家学派创始人和主要代表人物，与庄子并称"老庄"。老子思想对中国哲学发展具有深刻影响，其思想核心是朴素的辩证法。在政治上，主张无为而治、不言之教。在权术上，讲究物极必反之理。在修身方面，讲究虚心实腹、不与人争的修持，是道家性命双修的始祖。

◆ 真者，精诚之至也。不精不诚，不能动人。——庄子

庄子，姓庄，名周，战国时期宋国蒙人。战国中期道家学派代表人物，思想家、哲学家、文学家。其作品收录于《庄子》一书，代表作有《逍遥游》《齐物论》《养生主》等。其文想象丰富奇特，语言运用自如，灵活多变，能把微妙难言的哲理说得引人入胜，被称为"文学的哲学，哲学的文学"。

◆ 言不信者，行不果。——墨子

墨子，姓墨，名翟，春秋末期战国初期宋国人，一说鲁阳人，一说滕国人。中国古

代思想家、教育家、科学家、军事家,墨家学派创始人和主要代表人物。墨子是墨家学说的创立者。墨家在先秦时期影响很大,与儒家并称"显学"。提出了"兼爱""非攻""尚贤""尚同""天志""明鬼""非命""非乐""节葬""节用"等观点,以兼爱为核心,以节用、尚贤为支点。创立了以几何学、物理学、光学为突出成就的一整套科学理论。战国时期的百家争鸣,有"非儒即墨"之称。

◆ 小信诚则大信立。——韩非子

韩非(约公元前 280—公元前 233 年),又称韩非子,战国末期韩国新郑(今属河南)人。中国古代思想家、哲学家和散文家,法家学派代表人物。韩非是法家思想之集大成者。他将商鞅的"法"、申不害的"术"和慎到的"势"集于一身,并且将老子的辩证法、朴素唯物主义与法融为一体,为后世留下了大量言论著作。其学说一直是中国封建统治阶级治国的思想基础。

2. 介绍中国传统诚信观的内涵

"诚信"一词由"诚"和"信"两个字构成,许慎的《说文解字》中说:"信,诚也,从人从言。诚,信也,从言成声。"由此可见,这两个字意义相通。但仔细分析它们还是有区别的。"诚"强调人内在的品德,侧重于对个体的单向要求,其作用在于约束自己;而"信"强调外在的表现,侧重于对社会群体的双向或多向要求,其作用在于规范社会秩序。因此,"诚信"的含义包括两个方面:内在的真心真意、不虚伪,即"诚";外在的信守诺言、不欺瞒,即"信"。前者即是"诚",后者即是"信"。"诚"是"信"的基础和根据,"信"是"诚"的外化和体现,二者共同构成其丰富的内涵。

3. 中国传统诚信观的基本特征

(1) 提倡自律

孟子说:"诚者,天之道也;思诚者,人之道也。"中国传统诚信观把"诚信"看作一种崇高的道德理想,是"圣人之大本"。因此,常人要达到这种道德境界,就必须通过自我约束并加强修养来摒弃人性中的私欲和功利思想,从而成就个体的道德人格。儒家把这种自律归纳为——"慎独",即人对独处时的诚信行为进行自我警醒、自我约束。中国传统的诚信观把诚信作为一种无关他人的自我修养境界，诚信的根本目标在于增进自身品德的完满，如荀子所说，“君子养心莫善于诚”。

(2) 重视情感

传统中国社会是一种以血缘、地缘关系为主的熟人社会。中国传统的诚信观是一种建立在血缘亲情、朋友道义、社会人情和封建国家宗法关系基础上的道德精神，始终未能从根本上脱离“家庭”“亲情”“义气”和“熟人”的限制。因此，中国人在社会交往中往往受情感因素印象，比如推崇“为朋友两肋插刀”这样的“诚信”行为。

4. 中国传统诚信观与西方信用理念对比

(1) 两者产生的社会环境不同

中国传统的诚信观形成于注重宗法血缘的封建社会早期，诚信产生和存在于以人伦等级与亲情距离为基础的“忠君”或“孝亲”的伦理观念中。诚信是一种道德义务，是为维持宗法等级社会服务的。荀子在《强国》中说：“天下之要，义为本，而信次之。”意思是“义”着眼于君臣关系，致力于维护等级制度，所以是根本；而“信”是处理“朋友”关系的，因此只能处于次要地位。而西方的信用理念脱胎于海洋型的地理环境中，欧洲人经常漂洋过海拓疆殖民并从事工商业活动，因此在西方社会中，血缘关系因频繁的跨海迁徙而迅速解体，取而代之的是契约关系。西方的信用理念起源于商业活动，信用是一种制度，并不取决于个别资本所有者的善意或恶意。

(2) 两者的内涵不同

因此，中国传统思想中偏重的是“诚”，要求个体的诚实，体现单个人的德性和人格，而西方社会偏重的是“信”，体现的是双方的一种契约关系，强调个人对义务、承诺等兑现的可靠程度。

此外，中国的诚信观念与宗法等级社会密切相连，只是维护封建礼教秩序前提下的附属性原则，并非是一种普遍的基本道德准则。而西方社会的信用观念与基督教文化联系在一起，因此西方的信用理念总是同契约联系在一起的，正如《圣经》中的《旧约》和《新约》都是人与上帝的立约。根据宗教的精神，人如果违反约定，就要受到来自上帝的制裁。因此,中国传统文化中的诚信观要求人们具有“慎独”的自律精神,而西方传统文化中的守信更多依赖于上帝的外在施压。中国的诚信观体现为一个人自身的道德修养和情操,而西方的信用理念则表现为个人兑现责任、义务、契约和承诺的可靠程度。

(六) 课后作业

说说你遇到的一件“一诺千金”或正好相反的事,谈谈你自己的感受。(400 字)

四、创新之处

这一课程案例大胆尝试了将中华传统文化的宣扬纳入高级阶段的留学生汉语综合课中,并且进一步通过中西方文化的比较,让学生更深刻地理解和认同中华的传统文化,并且结合课文内容、结合自身经历,对“守信”这个经常被忽视的理念进行了深刻的反思。

以往,我们认为汉语综合课主要是对生词、语法的讲解,但是到了汉语高级阶段,可以试着将中华传统文化知识一点一滴地融入日常教学之中,通过这种润物细无声的方式,进行中华文化的推广和传播。

五、教学反思

(一) 教学效果

对中国传统诚信思想的内涵和特征的讲解会比较抽象,而且涉及一些古文,需要留学生具有一些古文基础,对中国传统文化有一定的了解,但是目前的留学生完全没有接触过古文,对古文语句的理解存在困难,而且觉得很难理解。通过细致的讲解,学生可以大概明白,因此总体教学目标可以实现,但是学生会觉得讲授的内容过于艰涩难懂,而不能品味到中国传统文化的优美、博大精深,从而影响文化传播的效果。

(二) 注意事项及改进思路

留学生进入高级汉语阶段,可以适当接触一些经典的古文语句,例如每课可以学习一两个论语的句子，让学生渐渐熟悉并理解古文的风格，同时可以传授一些传统思想，例如儒家的经典思想是什么，道家的主要观点有哪些，等等。通过平时的耳濡目染，让学生渐渐了解并接受中国传统的经典思想，这有助于留学生的汉语学习和对中国文化的理解和认同。

文化认同，滋情育德

——以《谐音与中国文化》的案例教学设计为例

李　萍

本文选取“语言与文化”课程的第一章《谐音与中国文化》作为案例教学对象，以“案例—知识—能力—人格素养”一体化的培养模式，通过各类谐音文化案例来直观形象展示知识点，在对案例的思考讨论中培养学生跨文化交际能力和发现分析解决问题能力，同时立德树人。本案例采用由重构优化教学内容、建构主义的教学理念、综合驱动的教学手段、过程性多元化的评估机制融合为“四位一体”教学模式，实现了知识传授的体系化实用性和能力锻造多重性及人格情愫培育多样性的教学目标，为如何有效促进国际学生融入中国生活、传播中国文化提供了路径。

一、案例简介

（一）课程背景介绍

“语言与文化”是面向国际文化交流学院留学生汉语言本科（经贸方向、国际教育方向）开设的专业必修课程。本课程通过综合多种教法及双向交流教学模式，直观形象生动地解析汉语语音、词汇及汉字中渗透的中国文化因素及其比喻意义。具有以下三大特色：一是加深留学生对汉语与中国文化密切关系的理解，以提高留学生正确得体运用汉语的能力；二是深入挖掘汉语诸要素所渗透的博大精深的中国文化——中国哲学宗教、社会历史、文学艺术、思维方式、价值观念等，尤其是中华美德和中华文明，在润物细无声中“立德树人”，培养留学生知华、友华、爱华的情感意识；三是引导留学生比较中外语言文化相互塑造的生动、丰富的样态，存异求同，培养学生发现、分析、解决问题的能力以及跨文化交际能力。本课程 2018 年被列为同济大学交叉课程项目,2020 年被评为同济大学重点建设课程建设项目,同年 10 月该课任课教师李萍副教授被评为同济大学第七期“名课优师”。

(二) 案例背景介绍

《谐音与中国文化》是“语言与文化”课的第一章内容,共由五节组成。每一节均串联系列典型案例,共引用大小案例 88 个,由案例引导教学,师生讨论,将案例—知识—能力—人格素养融为一体。

第一节——问题提出。

第二节——同音词 VS 谐音。此两节通过留学生汉语同音词的笑话和因不解谐音引起的文化休克和文化障碍的案例,直观讲解谐音的定义,谐音的语音、语义、语用及文化特征。

第三节——谐音的形成。本节通过饮食、大量实物谐音来说明谐音的形成机理。

第四节——重点展示分析谐音的九种文化形态。本节所列举的谐音案例有:中国节令岁时的谐音案例;各种礼俗中的谐音案例;蚕农、建筑、渔业等职业中的谐音案例;生活中的谐音案例,尤其是当今中国社会变革的谐音案例;文学艺术中的谐音案例,如小品、相声、唐诗等;语言中的谐音案例;当代商品广告或店铺名中的谐音案例;当今网络中的谐音案例,如“杯具”;2019—2020 年十大网络用语。每个案例都关涉中国人的思维方式,祈福求吉等心理特征,价值观念、风俗习惯等,尤其是当代变革发展的中国社会。

第五节——谐音的功能作用。本节通过案例引导学生认知谐音的委婉含蓄、言有尽意无穷、幽默诙谐、弘扬鞭挞的多种表达功能。

在谐音文化案例的选取上,具有以下特点。

案例与时俱进,讲求鲜活性。注重优选当今现实生活中典型的汉语文化现象,与留学生的中国生活及其学习息息相关,并随时关注当下中国变革及语言文化热点以及时更新。如引入国际学生中文名字、外来词、当代外国品牌中文命名,引入随处可见的谐音广告、店牌及小品中的谐音等；撷取当下生活语言文化现象鲜活实用案例，如高考日妈妈穿旗袍、手捧向日葵，55购物节、520网购节；摘取最新网络流行语等，切合留学生实际需求。

案例讲求满足学生需求，讲求针对性。聚焦国际学生汉语诸要素的学习难点。注重调取国际学生文化休克、文化冲撞、文化障碍及望文生义的典型语言文化现象，如2010级本科生蕾拉遭遇的谐音障碍：蕾拉在当当网买了书，第二天当当给她发了微信："尊敬的蕾拉，您好！您的订单××××××已经到款，当当不会以订单异常、系统升级为由让您点击链接办理退款，小心坏银。"教师借此讲授谐音的文化功能。

二、思路与目标

（一）设计思路

国际学生存在汉语基础薄弱，水平参差不齐，特别是中国文化知识浅薄等诸多先天不足，教学如何才能达到通俗易懂、寓教于乐，激发学生的兴趣？如何达到知识、能力、人格三合一呢？我们的教学理念和思路如下：

1. 采用建构主义教学理念引领双向交流。建构主义主张学习过程即是实践活动，教与学是由认知过程、讨论过程与内省过程所构成的实践，我们重视学生在知识内化过程中自主作用的发挥，重视教学过程中问题情境的创设及知识结构的更新，课堂教学模式为启发式和师生双向交流型，提高学生参与度，提升教学效果。

2. 教学思路为注重课前课中课后三重知识的建构。精心挑选基于真实情境和真实任务的丰富典型图片、故事和案例，激发学生课前、课中和课后有效地完成知识的初步、深度、延伸三层构建，突破传统灌输式的教学模式，在知识传授、能力培养中润物细无声地实现"立德树人"。

（二）设计目标

本章教学紧紧抓住汉语谐音与中国文化相互依存，以及汉语谐音在现实生活中广泛应用在各个领域的特征，对标同济大学"双一流"建设目标，以提升留学生教育质量为己任，教学目标力求达到知识、能力、人格三标合一。具体见下表。

目标	目标指标	目标指标的具体内容
知识目标	提高正确、得体运用汉语的能力	掌握汉语要素——汉语谐音的文化表现样式及文化喻义，不但知其然，还要知其所以然；学会在汉语语境下正确、得体地运用汉语交际
人格目标	立德树人，培养中华文化素养	深入挖掘并展示汉语谐音中所渗透的博大精深的中国文化——中国审美价值观、价值取向、心理思维模式、社会历史、文化习俗、社会变革与发展等，让留学生在汉语交际中深切学习体验、感知中华文明与真善美，培养学生知华、爱华的情愫
能力目标	1. 培养留学生汉语跨文化交际能力	通过问题导向、合作学习及双向互动讨论引发学生积极探索中外语言谐音文化的异同，培养学生文化多元性、包容性及跨文化交流意识，掌握跨文化交际技巧；避免在汉语交际中望文生义、出现文化障碍及文化冲突
	2. 培养语言与文化的创新及研究能力	通过三层级任务的完成来实现知识的初步构建、延伸构建和深度构建。课前组建小组，通过文献法进行任务初建；课堂小组展示任务，师生讨论交流，反思总结任务；课后根据教师课堂点拨讲解，修正拓展任务，完成中外谐音文化对比的小论文，以此培养学生提出、分析、解决问题的能力及批判思维能力

三、具体实施

(一) 教学法综合联动，实现三合一目标

1. 采用直接教学法，寓教于乐地让留学生感知博大精深的中国文化

直接教学法具体为：第一，将生活中真实的动态静态彩图、视频、音频、音乐、动画、实物和所授谐音及态势语相结合。图片做到指向明确，形象鲜明，语境化。第二，文化术语图片化，将谐音中蕴含的哲学、宗教、思维、心理、审美和文学类抽象术语形象通俗化，形象直观解析文化术语，并注重复现。第三，精选典型故事及案例。这种教法直观形象，易懂易通，充分调动了国际学生视觉、听觉、触觉来体验、思维、判断汉语谐音的知识点及其文化特征，达到举一反三。第四，营造谐音文化的各种

情境，让留学生直接用汉语思维学习汉语，体味其中的中国文化内涵。

2. 问题导向与讨论相结合，让留学生在双向交流中深入学习中国文化

根据每节教学重点和难点，从前期教学和日常生活中收集的国际学生学习难点及典型案例里提炼“锚点”“兴趣点”，编写系列思考问题，课前推送给学生，激发学生的好奇与兴趣，催发他们主动查阅资料，引发思考，整合知识，从而进行知识的初步构建。建立多重问题导向模式：一是本章课前设立涵盖全章要点的系列问题导向抛给学生。二是每一节设有专题问题导向，以典型例句引发思考，课后留有难点重点深入讨论思考题，完成知识拓展建构。三是抓取国际学生日常生活中常见的典型案例引发思考，诸如“难忘济忆”“济”字写错了吗？引导学生思考汉语同音词的交际与谐音作用。“乱得龙”“天天拉”“安灯泡(Adam Power)”“胡塞(Hussain Arshad)”这样的中文名是否合适？留学生取中文名难在哪里？引导学生思考汉语谐音语义双关、语用言外之意功效及丰富多样的文化底蕴，深入学习中国姓名文化。

3. 任务合作学习式教学法，留学生在“做中学”了解中国，提升跨文化交际能力，培养学术研究能力

(1) 课前布置任务，小组调研，完成知识初步构建。教师根据本章教学重点，紧扣教学内容与当下典型现实生活现象布置任务，建立“组间同质，组内异质”小组及“国别小组”，通过田野调查和文献法完成任务，实现知识的初步建构。如：“请田野调查中国现实生活中的谐音现象，并说说这些谐音代表什么意思，有什么样的表达效果？”要求制作调研报告和PPT。

(2) 课中讨论应用，理论分析，完成知识深度构建。课堂上或先各小组展示任务初步成果，组内成员按分工任务汇报展示调查报告，小组间互评，小组交叉讨论，教师引导讲评总结；或教师先讲解，围绕预设问题全班展开讨论分析，然后学生小组展示报告，在老师的点拨、引导和提问下，学生筛选、比较、归纳，最后教师总结，并布置相关理论及专业参考书目，达到学生批判思维能力和创新能力的培养目的。如“一带一路”国际学生作为年轻人，对现实生活中琳琅满目的中国文化语言现象或猎奇；

或望文生义,不求甚解;或曲解甚至歪曲,欠缺是非及真善美的判断力。教师通过学生的“做中学”发现问题,因势利导,互动讨论,对当下社会语言文化现象追根溯源,深入思考探究,了解当今中国的变革,懂得何为善,何为美,引发学生批判思维。如学生谐音调查报告展示了现实生活中的“厕所串串”“尚床吧”“饭醉团伙”等店铺名,教师借此引发课堂讨论,展示我国已经立法禁止、取缔并整改滥用谐音污染市容市貌的新闻视频,让学生明晰谐音命名中也存在不健康文明、低级恶俗、产生不良社会影响的违法违规现象,要正确对待。欣赏分析小品《扶不扶》中的谐音,在笑中学会爱。不但回答了学生疑问,还拓展了视野,在主动积极思考中深入理解中华文化。

(3) 课后反思迁移,修正完善任务,完成知识延伸构建。留学生根据课堂教师点拨讲解及讨论结果进行任务的反思,阅读相关理论书籍,综述中国知网的前人研究成果,将理论与教学实践结合,修正拓展调查报告,将最终的任务成果发送老师评估。

通过知识的三重建构,期末中外语言文化小论文极大激发了学生对母语文化与中国语言文化异同的探究热情,由此激活催发了学生兴趣点、催发学生思考与疑惑,教师加以学术性指导,学生最终将小论文拓展成毕业论文,以此培养国际学生发现、分析、解决问题的学术研究能力。如2016级本科生雷观帖将本章的小论文《汉语网络中谐音词汇研究》拓展成毕业论文《来华留学生学习汉语网络语言遇到的问题及对策》。

(二)“立德树人”模式——文化认同互鉴下的滋情育德

中国文化走出去的目的就是让其他国家的人了解和熟悉中国文化,进而理解和接纳中国的价值观念或同情、包容和尊重中国的价值观念,以便使在和平崛起背景下中国人的全球性活动和行事方式得到理解、尊重和支持。因此汉语谐音文化教学理念为持平等、尊重及包容之态,借助“一带一路”国家文化与中国文化的历史渊源,着重从以下三个方面设计实施,深入挖掘、梳理和萃取并形象生动展示汉语要素中所渗透的中华优秀文化,在师生交流中求同存异、互鉴文化,引领国际学生自主吸收中华文明与真善美,提升他们对中华优秀传统价值精髓的认同,培养国际学生知华、友华、爱华的情感意识,在润物细无声中“立德树人”。

1. 讲中国故事,聚焦共性文化,共鸣美育

习近平总书记指出:“要推进国际传播能力建设,讲好中国故事、传播好中国声音,向世界展现真实、立体、全面的中国,提高国家文化软实力和中华文化影响力。”陶建杰、尹子伊实证表明:“‘讲好中国故事’在国际受众中更能产生‘共情效应’,进而被感召、吸引、软化、认同,实现软实力的效果。”[①]我们立足渗透在汉语谐音中的具有经典性、生动性的故事,抓住人类永恒话题,如爱和爱情,图文声并茂,多方位展示有血有肉的真实、立体、全面的中国形象,既有古代又有当代,既有名人又有普通人的精彩故事,以小见大。教师精心绘制中国动态彩色地图,形象展示2020年中国23个省、5个自治区、4个直辖市驰援武汉医疗队的谐音命名,如新疆队“同心(新)协力”、甘肃队“同甘共苦”、山西队“竭晋(尽)全力”、湖南队“相(湘)互扶持”、浙江队“浙(遮)风挡雨”、山东队“同心鲁(戮)力”、四川队“愈(渝)战愈(渝)勇”等,除展示谐音隐喻美育的社会功能外,特别展现中华民族在国家大灾大难面前如何众志成城,在全球疫情蔓延时的大爱和大国担当。如绘声绘色讲述古代故事,让学生从“有雁(缘)千里来相会,无雁(缘)对面不相识”的民间故事中体味何为“缘分”,以及忘恩负义则无缘、志趣相投则“有缘”的爱情观。

正如傅莹所讲,“讲实实在在的中国故事,讲事实、讲数据、讲困难、讲作为,是最有说服力的”[②],由此提升了中华文化对国际学生的感染力、公信力和认同力。

2. 图文声并茂,聚焦当代中国,感知中国

通过全球贫困数据曲线图和铺张浪费的图片,形成鲜明对比;结合儿童国学视频(唐)李绅的《悯农》:“锄禾日当午,汗滴禾下土。谁知盘中餐,粒粒皆辛苦。”让留学生产生敬爱粮食之心,懂得谐音公益广告“杜绝盛(剩)宴”“天地良(粮)心”的双关,同时了解“光盘行动”,感知当代中国。

---

① 陶建杰,尹子伊.中国文化软实力:国际评价、传播影响与提升策策略[J].现代传播(中国传媒大学学报),2020(2).

② 傅莹.讲好中国故事,改进国际传播[M]//严文斌.百年大变局.北京:红旗出版社,2019.

3. 镜像索义，深入理解文化，怡情养志

汉字是世界上唯一运用至今的表意体系文字，“汉字是中华民族本土孕育产生的自源文字，所以它与中华文化相适应，并且互相证明，很多古文字作为中华古文化的活化石”①。教师利用汉字形音义相结合的特点，讲授谐音字的选取及意义理解与中国文化密切相关。如“压岁(祟)钱”，以“祟”之古文字字形，解析“压岁钱”本义，探究“红包”一词多义，从中理解中国人辟邪驱鬼、保佑平安以及礼尚往来、和谐相处的友好情结，对红包的异化问题、金钱至上价值观给予批判，让学生真正了解中国传统文化的基本道德规范、价值准则。

四、创新之处

(一) 改编教材，重构优化教学内容

中国文化语言学的研究成果深厚，教材更是充栋盈车，其理论贯通中外古今，内容引经据典，表述凝练，但教学对象定位中国大学生。本课程 2018—2020 年授课对象为“一带一路”国家 72 名来华国际学生，其中东南亚学生占 41%、日韩学生占 38%、中亚学生占 13%，俄罗斯、乌克兰学生占 7.9%，还有少部分德加华裔学生，这些教材对他们来说高深艰涩。因此本章教学模式的首要任务就是从以下三方面重构优化教学内容：一是将谐音文化体系化并凸显重点，二是注重谐音案例的鲜活性，三是讲求教学内容的针对性，从而达到教学内容新颖信息量大，重点突出。

(二) 教学方法多样，注重启发互动

多年来学生评教保持 100%优秀率，学校督导多次听课总体评价优秀，反馈教学方法灵活多样，注重启发式教学，提倡合作式学习，互动性强；引导学生研究性学习；课堂气氛非常活跃，课堂驾驭能力出色，收效很好。

① 王宁.汉字构形学导论[M].北京：商务印书馆，2015.

（三）创立"四位一体"教学模式，实现三标合一

采用由重构优化教学内容、建构主义的教学理念、综合驱动的教学手段、过程性多元化的评估机制融合为"四位一体"教学模式，实现了知识传授的体系化实用性、能力锻造多重性及人格情愫培育多样性的教学目标，为如何有效促进国际学生融入中国生活，传播中国文化提供了路径。

五、教学反思

教学内容上尚需解决"非常有趣，有点难"的问题。教学方法上需加大国际学生对中国文化的体验和中外学生语言文化融合活动的力度。教材及自主学习材料需尽快完成出版，便于留学生课后学习。

感恩重义，天人合一

——以《中国传统节日文化》（节选）的教学设计为例

李 挺

Qingming Festival

The Qingming Festival (or Pure Brightness Day), 24 seasonal division points, in the lunar calendar, falling on April 4th-6th each year. Afer the festival, the temperature rises and rainfall increases in readiness for spring plowing and sowing.

【清明节】

清明节是农历二十四节气之一，一般在每年四月四日至六日之间。节后气温升高，雨量增加，为春耕播种做好了准备。

Hanshi Day

Hanshi Day (or Cold Food Day) is the day before the Qingming Festival, when no fire or smoke is allowed and people only eat cold food. Its origin is a long story. The day commemorates Jie Zitui who lived in the Spring and Autumn Period. Jie was a loyal official in the State of Jin, working for Crown Prince Chong Er During a period of turmoil, Chong Er was forced to leave Jin with his court, including Jie. In exile, they suffered a lof of hardships and difficulties. To save the starving Chong Er, Jie cut the flesh off his own leg and boiled it for Chong Er. After becoming a king, Chong Er neglected Jie. Jie was so sad that he left the court and went to live in mountains with his mother. Chong Er felt so guilty that he went in person to the mountains to look for Jie. It was impossible to find him in the endless trees and hills. Chong Er ordered the mountain to be burned to force Jie out. Jie did not emerge; he and his mother were found dead in each other's arms with a note written in Jie's blood: '[I cut off my own flesh and dedicated it to you, only wishing my king to be always upright and just. 3 In memory of Jie Zitui, Chong Er issued an order that every family putout their kitchen fire and eat cold food that day, The custom of putting out the kitchen fire before the Qingming Festival has vanished, but the habits of planting willow twigs and paying respects to ancestors at their tombs have continued to the present day. Qingming Festival sees all cemeteries crowded with families who have come to sweep graves and offer sacrifices as a sign of respect to their ancestors.

【寒食节】

寒食节是清明节的前一天，不允许起烟火，只吃冷食。它的起源是一个古老的故事。这一天是为了纪念春秋时期的介子推。介子推是晋国忠臣，为太子重耳工作，在一段动乱时期，重耳被迫离开晋国，随从中包括介子推。在流亡期间，他们遭受了许多艰难困苦。为了救饥肠辘辘的重耳，介子推把自己腿上的肉割下来煮给重耳吃。当上了国王之后，重耳忘记了介子推。介子推伤心地离开了朝廷，他辞官后回山里跟母亲同住。重耳内疚不已，亲自上山去找介子推。在一望无际的树木和山丘中找到他是不可能的。重耳命令烧山，想把介子推逼出来。但介子推并没有出现，他最终被发现和母亲相拥而死，并用自己的血写下字条："割肉奉君尽丹心，但愿主公常清明。"(我把自己的肉割下来献给你，只希望我的国王永远正直公正。)

为了纪念介子推，重耳下令，当天家家户户都要熄火，吃冷食。清明节前扑灭灶火的习俗今已不复存在，但栽种柳枝、祭祖的习惯一直延续至今。一到清明节，所有的墓地都会挤满前来扫墓祭奠祖先的人。

A Riverside Scene at Qingming Festival

Qingming Festival has been a favourite subject for artists. Zhang Zeduan of the Song Dynasty produced one of China's most famous works of art *A Riverside Scene at Qingming Festival*. This silk scroll is now exhibited at the Imperial Palace Museum, or the Forbidden City, in Beijing. It is bursting with life: riverside roads filled with traffic, fairs in farmers' fields, lively villages, noisy city streets crowded with all kinds of people, officials, merchants, soldiers, scholars, porters, men and women, young and old. There are more than 500 people in the painting, as well as scores of different animals, carriages and sedan chairs, and bridges and boats. It isa vivid record of the festivities and hustle and bustle of the Qingming Festival.

《清明上河图》

清明节一直是艺术家们最喜欢的题材。宋朝的张泽端在清明节创作了中国最著名的艺术作品《清明上河图》。这幅丝绸卷轴现在北京故宫博物院展出。这里充满了生机：河畔的道路上车水马龙，农场的集市，热闹的村庄，喧闹的城市街道上挤满了各种各样的人：官员、商人、士兵、学者、搬运工，男女老少。画中有500多人，还有几十种不同的动物、马车、轿子、桥梁和船只。它生动地记录了清明节的喜庆和热闹。

节选自《中国文化概况》(主编：廖华英)

Chapter 8 Traditional Festivals

中文部分由笔者翻译

一、案例简介

(一) 课程和案例的基本情况介绍

1. 课程介绍

该课程是面向同济大学各专业的留学生开设的公共通识课程,属于选修课程。这些留学生来自不同年级,从本科一年级到博士三年级;也来自不同专业,从文科、理工科到医学;同时也来自世界各国。课程旨在通过对中国历史与文化的呈现,让学生理解中国文化、了解中国人的行为方式和思维方式,提升学生的文化认同感和融入感,从而提升学习热情。

2. 案例介绍

案例节选自《中国传统节日文化》,其中蕴含的文化育人元素为:热爱祖国;自我牺牲;心系民众;淡泊名利;感恩重义;天人合一的中国古代哲学思想。

教学过程分为三个层面:第一,让学生了解中国现存的具有全民性的传统节日——清明节,了解这个节日的由来,尽可能地体验节日的习俗。第二,带领学生解读清明节文化深层次的文化内涵。第三,让学生从自身文化的角度来观察清明节体现出的中华民族的传统文化内涵,进行讨论思考,最终达到一定程度的理解,从而提升其文化认同感和融入感。

(二) 设计意义

随着中国高等教育水平的提高,来华留学生日趋增多。对于来华留学生来说,了解传统节日有助于他们了解中国的传统文化,也有助于了解中国的生活和习俗,也是应对文化冲突的方法之一。同时体验中国传统节日,感受风土人情,还能丰富他们的留学经历。

但很多教师都只停留于理论知识的讲解,太枯燥了,学生们无法感受到节日的氛围,教学效果不理想,所以体验和感受很重要。

教师在讲解过程中不要自我炫耀,也不要曲意迎合,既要介绍自己,也可以听听别人的感受。要介绍中国的当代节日文化,树立当代中国人的形象,还要引导留学生理解中华民族的精神内涵。

二、思路与目标

(一)设计思路

在“中国历史与文化”课中,精心挖掘和选择“课程思政”所需要的教学材料,选取契合的话题,融入对当代中国正能量、先进性的表现。如在讲到某一具体文化现象时,可展开必要的文化讨论与探索,以此彰显当代中国的核心价值观,并引导留学生了解并逐渐理解中国的优秀文化内涵。

中国传统节日文化是中华民族传统文化传承至今的宝贵文化精神遗产,既具有历史传承性又具有时代创新性。我们需要抓住这两点来设计教学:一首先可以让学生在现实生活中体验了解相关的节日文化习俗;二引导学生自主探寻这些文化习俗背后较深的历史文化渊源;三组织学生讨论对比不同文化间的异同,表达文化间可能存在的误解和疑惑;四从更深层次的解释中华民族的文化精神内核的传承与创新,展现中国的优秀文化内涵。使学生尽可能在切身的体验中去感受,并自主探求深层文化内涵。

(二)设计目标

具体案例选自全英文“中国历史与文化 Chinese History and Culture”课程中的《传统节日文化 Chinese Traditional Festivals》章节,以下具体介绍本案例的设计目标。

1. 知识目标

(1) 了解寒食节和清明节的具体日期以及相关的二十四节气。

(2) 了解寒食节和清明节的扫墓习俗及其由来:介子推的故事。

(3) 了解寒食节和清明节踏青习俗及其缘由:顺应天时。

2. 能力目标

(1) 培养学生在现实生活中观察体验感受节日文化习俗的能力。

(2) 培养学生通过书籍或者网络查阅搜集相关文化资料的能力。

(3) 培养学生对文化现象进行思考提问讨论的能力。

(4) 培养学生理解节日文化习俗背后的中华民族独特的深层文化精神内涵的能力。

3. 育人目标

教书育人,是教师的天职。“培育什么样的人”是需要每一个教师不断思考的问题,我们在对外传播中华文明的同时,也同样需要考虑这一问题。王国维先生曾经说过:“然有知识而无道德,则无以得一生之福祉而保社会之安宁,未得为完全之人物也。”蔡元培先生也认为:“美育者,与智育相辅而行,以图德育之完成者也。”可见德育乃教之根本。教师是“人类灵魂的工程师”,要不断引导学生达到真善美的境界,无问国界。

应使国际学生通过本课程的学习,尽可能地理解中华民族独特的深层文化精神内涵,从而从内心对当代中国特色的社会主义道路、理论、制度和文化表示认同,充满自信。并希望他们在不久的将来能把这种文化自信传递到国外,在海外进一步完善中国的国际形象,让越来越多的人了解中国,喜欢中国。

三、具体实施

(一) 课前预习

让学生课前完成两项任务:

1. 在现实生活中寻找或者通过咨询中国朋友,了解中国人清明节的各种习俗;

2. 通过阅读书籍或者网络资料,找一首诗《清明》,一个历史故事《清明节的由来——纪念介子推》和一幅名画《清明上河图》。

(二) 导入新课

如果遇到节日,大家都会相互祝愿“节日快乐”,可是在中国有一个特殊的节日,大家很少会在这时相互祝愿“节日快乐”,这个节日就是清明节。

(三) 展开新课

1. 一首诗《清明》

配图展示杜牧的《清明》,先由老师朗读一遍,请学生们结合图景感受诗的意境:或多或少的感伤。

给出诗的英语翻译,请学生诵读,要求读出诗的意境。

这首诗就是描写清明节的,大家一定都可以感受出这个节日忧伤的气氛。为什么呢?这跟一个历史故事有关。

2. 一个历史故事《清明节的由来——纪念介子推》

给出图片,请一个学生来给大家讲讲寒食节和清明节的由来(因为预习任务中有此项)——纪念介子推。

对学生的讲述进行点评,需要着重分析点出故事主人公介子推热爱祖国、自我牺牲、心系民众、淡泊名利的高尚品德;同时也要分析点出晋文公重耳在介子推的感化下,最终成长为感恩重义、清明正直的好君主。

他们的这些高尚的精神品德世代流传,扫墓这一习俗最初表达了对介子推的纪念,和对感恩重义精神的崇尚。后来人们将感恩重义精神融合在祭祖扫墓的习俗之中,流传至今。

3. 一幅名画《清明上河图》

除了《清明》诗作,还有一幅跟清明节有关的画作《清明上河图》。请学生介绍一下他们查到的关于这幅名画的信息(长度、珍贵程度、表现内容等)。

给同学展示《清明上河图》的动画版本,让学生们体验名画观感,点拨出当时人们都争相外出、欢快热闹的节日气氛。

提出问题引导学生思考:这个节日应该是忧伤感怀的气氛,为什么这里呈现出欢乐热闹的气氛呢?由此引出清明节的第二个习俗:踏青。

4. 踏青习俗的文化内涵

由二十四节气导出清明节前后的气温变化:漫长而寒冷的冬季,人们宅在家里,积累了大量的阴气。清明到来，预示暖春真正来临，大自然万物复苏，阳气渐升，人们需要外出，接触大自然，汲取阳气，以平衡体内的阴气，达到阴阳平衡，保持健康。这体现了中国古代哲学智慧：顺应天时，天人合一。

5. 品尝青团，体验节日习俗

让学生品尝教师事先准备好的青团，并介绍传统节日美食——青团，以糯米制皮，加入艾草汁，呈现清新的碧绿色，主要以红豆为馅；成品无需加热，可以冷食，适合寒食节的习俗；同时具有清热解毒、温补健脾的功效，有益于身体健康。让学生在品味美食的同时体验节日习俗，了解养生文化。

（四）讨论理解

引导鼓励学生谈论对于清明节的感受与理解。对于学生的不同观点持理解的态度，理性客观地看待我们历史文化中因时代久远而存在的某些局限性，着重引导学生理解主要的积极的一面，求同存异。

四、创新之处

在全国高校思想政治工作会议上，习总书记强调："要用好课堂教学这个主渠道，思想政治理论课要坚持在改进中加强，提升思想政治教育亲和力和针对性，满足学生成长发展需求和期待，其他各门课都要守好一段渠、种好责任田，使各类课程与思想政治理论课同向同行，形成协同效应。"然而大部分课程思政教学改革，基本都是以中国学生为教学对象，教学方案的设计和实施也大都针对中国学生而制定。

本课程的教学对象是来自各种文化背景的国际学生，具有相当的特殊性。我们的教学对象对于中国历史与文化都知之甚少，甚至可能存在一些误解。因此在本课程中挖掘展示我们中华民族优秀的深层文化基因和育人点，提炼出思政主题，巧妙地融入中国文化和价值观、新风尚和新面貌，既让国际学生在亲身体验中清晰客观地了解认识中国的风俗习惯，又运用各种技术手段点燃国际学生的学习兴趣，让学生乐于讨论探索文化现象背后的深层文化内涵，提升自己思想认识的新高度，这正是本课程的创新之处。

五、教学反思

(一) 教学效果

为了保证教学效果，给学生布置了课前预习作业，有的学生可以完成得很好，就会收到很理想的课堂学习效果；而有些同学由于某种原因没有做，就会影响到课堂的学习效果。对于预习部分的督促工作还可以细化。

课堂讨论部分，还有一部分同学们不够积极，参与度不高，可以再做一些调查，想办法激发他们的积极性。

(二) 教学形式

传统节日文化的教授最好是有切身的体验，但囿于课堂教学和学生人数众多的局限，很多体验活动很难进行，以后可以在体验活动上创造条件进行，以便达到更好的教学效果。

仁者爱人，文明传承

——以“孔子和儒家思想”的教学设计为例

娄晓凯

一、案例简介

(一) 课程和案例的基本情况介绍

1. 课程介绍

该课程属于“中国文化”的一部分，是针对来华留学生的通识基础必修课，旨在系统介绍中国古代文化遗产、古代思想、教育、艺术、民俗等诸多层面的内容，帮助外国留学生更好地了解具有鲜明民族特色的中国思想文化知识，感受中国文化的独特魅力。

2. 案例介绍

孔子是中国春秋末期的政治家、思想家、教育家，儒家学派的创始人。孔子及其开创的儒家学派、儒家思想不仅在中国影响深远，在全世界特别是东南亚各国也有很大的影响。中国国家汉办为推广汉语文化、增进世界各国人民对中国语言文化的理解而设立的非营利性教育机构，也统一选择以“孔子”命名，即孔子学院或孔子学堂(Confucius Institute)。孔子不仅是中国传统文化的代表人物，也是世界文化名人之一。本案例选取孔子思想中的“仁者爱人”“推己及人”“杀身成仁”“礼”“孝”“有教无类”等，结合具体的历史史实、历史故事，引导学生深入理解孔子其人及其儒学思想的发展轨迹，同时联系中国当代的社会和生活，阐释孔子及其儒家思想的现代性与当下意义。

(二) 设计意义

孔子思想学说的核心是“仁”,孔子希望“仁者爱人”“推己及人”“己所不欲,勿施于人”,即人与人之间要彼此相爱、待人宽容,设身处地为别人着想,追求做一个道德完善的人。在孔子看来,“仁”的价值甚至比个人的生命还要高,如果必须在两者之间取舍时,应该牺牲生命,成全仁德,即“志士仁人,无求生以害仁,有杀身以成仁”。这也正是中华民族刚强自健、积极有为精神的生动写照。通过具体学习孔子的思想,可以帮助留学生更好地理解中华民族奋发向上、自强不息的优良传统和志士仁人以天下为己任的精神与责任。

二、思路与目标

(一) 设计思路

中国古代哲学思想是中国文化重要的组成部分,孔子是对中国历史文化影响最大的人物之一,汉代以后,孔子所创立的儒家思想便成为了国家正统的学说思想,并在此后千百年的中国历史进程中绵延发展、源远流长。在当下的全球化时代,孔子及其儒家思想在当代中国依然有着重要的现实意义。外国留学生在学习汉语、了解当代中国的同时,也非常有必要加深对中国历史、中国古代哲学思想特别是孔子思想的认识和理解,从思想上、文化上更好地促进中国与世界各国的交流与融合。

(二) 设计目标

1. 知识目标

(1) 孔子其人介绍;

(2) 关键词讲解:“仁”“礼”“孝”“有教无类”。

2. 育人目标

孔子创立了以“仁”为核心的儒家学说,要求仁者爱人,人与人之间要彼此相爱、待人宽容、推己及人,做一个道德完善的人。孔子希望个人要依礼行事,遵守社会制度和伦理道德规范，同时要孝顺父母，敬爱兄长等，这些思想学说不仅在孔子所处的时代与中国历史中影响深远，在当下的社会中依然具有现实意义。乐于助人，待人真诚、富有人道主义、提高道德修养，遵守社会制度、孝顺父母、有教无类、不耻下问等元素都可以有机地融入课程教学，让学生们在了解孔子的同时，反思并提高自身的思想道德修养。

三、具体实施

本案例首先介绍孔子的经历及其所处的时代背景，让学生对孔子其人有一个全面的认识和了解，虽然孔子的一生充满忧患、屡遭困厄，但他心怀天下的精神追求却对后世影响深远。在此基础上，分别讲解孔子思想中的“仁”“礼”“孝”“有教无类”等，运用具体的历史史实、历史故事，同时联系当下的社会生活，探讨并分析孔子思想的历史价值和现代意义。最后运用图片、电影电视片段、动态图像等讲授孔子与《论语》、孔子整理《六经》、曲阜与“三孔”。

具体实施过程是：

1. 孔子其人：介绍孔子及其所处的时代背景

孔子(公元前551—前479年)，名丘，字仲尼。“孔子”是人们对他的尊称。孔子是春秋末年的政治家、思想家，儒家学派的创始人。孔子三岁丧父，后跟随母亲定居鲁国(今山东省)。他早年做过小官，中年开办私学，招收弟子讲学。传说中其有弟子三千，贤者72人。孔子50岁时在鲁国从政，政绩显著，后来他周游列国，以求施展政治抱负，但一直未能如愿。70岁时孔子返回鲁国，致力于教育，并整理《诗》《书》等古代文献。73岁病逝。

2. 概念区别：儒、儒学、儒家学派、儒家思想

所谓“儒”，最早是指在奴隶社会的贵族中掌管道德教化、音乐礼仪的官员，被称为巫、史、祝、卜等。后来这些人在社会变动中逐渐分化并流落到民间。有些人开始为诸侯执掌礼仪，被称为“君子儒”，有些人替普通老百姓办理日常的丧葬祭礼，被称

为“小人儒”。这些人大都熟悉古典文化中的“诗书礼乐”，待人“温文尔雅”，其学问和道德通常都高于常人。孔子出现以后，弟子众多，影响扩大，“儒”就成了孔门弟子的专称，由孔子创立的思想学说被称为“儒学”。后经孟子、荀子的继承和发展，儒家学派逐渐成为春秋战国时期对中国社会影响最大的思想流派。汉武帝“罢黜百家，独尊儒术”，自此儒学被推上独尊的地位，指导中国社会生活数千年。

3. 孔子思想的核心“仁”

什么是“仁”？孔子认为它几乎包括所有的美德，要求“仁者爱人”，人与人之间要彼此相爱、待人宽容，从爱自己的父母兄弟至亲逐渐向外推广，追求做一个道德完善的人。“仁”如何实现？就是推己及人。一个具备了“仁”的人，必须“居处恭，执事敬，与人忠”“言信忠，行笃敬”“志士仁人，无求生以害仁，有杀身以成仁”。

4. 孔子的思想：“礼”

什么是礼？一是礼仪、礼制，孔子提倡以“伦理”为基础的严格的“等级”制，作为治理国家的规范。统治者要依礼行事，对人民要“道之以德，齐之以礼”，从而达到和谐的“礼”治境界。二是个人之礼，个人要服从于制度之“礼”，要依礼行事，遵守社会制度和伦理道德规范。三是克己复礼，强调自律、自我克制，克服欲望、约束自己，使自己符合“礼”的要求。

5. 孔子的思想：“孝”

“父母在，不远游，游必有方”，孔子认为孝悌是仁之根本。一个人只有顺从父母，敬爱兄长，才能推己及人，关爱他人，不会犯上作乱，做出悖礼的事情。“孝”不仅是指子女在物质上赡养父母，更重要的是从精神上和情感上去慰藉、尊敬和善待父母。孔子在“孝”的基础上还提出了“敬”“爱”“顺”等观点。

6. 孔子的教育思想：“有教无类”

孔子中年开办私学，认为受教育者不分贵贱贤愚，应该机会均等。这一思想打破了当时贵族对教育的垄断，扩大了教育对象，使教育扩及于广大平民，这在当时无疑具有重大的进步意义。

7. 孔子与《论语》

孔子去世后，他的弟子把他的语录以及他和学生们的对话汇编成一部书，即《论语》。“半部《论语》治天下”，《论语》是中国封建社会的经典论著，在中国古代被奉为像西方的《圣经》一样的圣书，在中国社会有着重要的作用与影响。

《论语》集中反映了孔子的思想，内容主要包括如何做人的思想和教诲，学习的态度、方法和目的，务政的思想及其价值、治国与安邦的道理，读书、音乐、郊游、交友等。孔子最理想的社会是“父子有亲，君臣有义，夫妇有别，长幼有序，朋友有信”。

8. 孔子整理《六经》

公元前 484 年，孔子从卫国返回鲁国，结束了 14 年周游列国的生涯。他晚年所从事的主要工作，除了教学活动，就是潜心于典籍的搜集和整理。他从当时社会流传的大量典籍中，选取了其中最重要也最有代表性的六大类，并加以认真系统的筛选、编辑、整理，形成了《诗》《书》《礼》《乐》《易》《春秋》六部书，即《六经》。《六经》，是儒家学派最重要的经典、最重要的思想资源。孔子通过对六种文化典籍的整理，全面总结了尧舜以来的礼乐文化，向孔门子弟、也为后代提供了新的经典文本，对中华文明的传承与发展做出了巨大的贡献。

9. 曲阜与“三孔”

山东曲阜是孔子的故乡，目前已经形成了中国最大规模的、与孔子相关的建筑群落。孔子的嫡系子孙长期聚族居住在此，世代受封，并享受各种政治和经济特权，这里也形成了集孔庙、孔府和孔林于一体的建筑群，并以其丰厚的文化积淀、悠久的历史、宏大的规模、丰富的文物珍藏，以及科学艺术价值而闻名于世。

所谓孔庙，就是人们祭祀孔子的寺庙，它是“三孔”中规模最大的建筑，被称为“中国第一庙”，也是中国最大的祭孔之地。每年的阴历 8 月 27 日是孔子的诞辰，曲阜都会在孔庙举行祭祀孔子的仪式。古代皇帝为了表示自己对孔子的尊崇和对儒学的推崇，从汉高祖刘邦开始，相继有 12 位皇帝 20 次亲临山东曲阜，到孔庙祭祀，还有近百位皇帝派遣代表 196 次到孔庙代祭孔子。孔府又被称为“衍圣公府”，它位于孔庙的东侧,是孔子世袭“衍圣公”的世代嫡系后裔办公和居住的地方。孔林原名“至圣林”,是孔子及其家族子孙去世后埋葬的专用墓地,总面积约 200 万平方米,也是现在世界上延时最久、面积最大的氏族墓地。

四、创新之处

本案例的创新之处在于:除了讲授中国传统文化的代表孔子及其儒学思想在中国历史进程中的深远影响,同时也联系中国当下的社会生活,发掘孔子思想的现代意义。比如孔子把“仁”看得比个人的生命还要重,他认为“志士仁人,无求生以害仁,有杀身以成仁”。而中华民族自古以来,就有无数的志士仁人为维护民族独立、国家自强而勇于牺牲、敢于献身。在 2020 年中国抗击新冠肺炎的斗争中,无数的白衣战士舍生忘死、英勇无畏、义无反顾地奔赴武汉抗疫前线,用自己的生命守护人民大众的生命。这不仅是孔子“杀身成仁”精神的具体体现,也反映了中华民族的优良传统和民族精神。

五、教学反思

对于外国留学生来说,理解中国古代思想方面的内容有一定难度,教师在讲授这一专题的过程中,不仅要联系中国具体的历史文化语境,而且要增添一些与教学内容相关的图片、动态图像、电影片段、历史小故事等,做到深入浅出,系统化、多样化地向留学生展示中国思想文化的丰富内涵。此外,教师在讲授过程中也要注重中外思想文化的对比和互照,以引发学生参与的热情和学习的兴趣。

不怕苦难，勇敢乐观

——以《小橘灯》的教学设计为例

孙宜学

这是十几年以前的事了。

在一个春节前一天的下午，我到重庆郊外去看一位朋友。她住在那个乡村的乡公所楼上。走上一段阴暗的仄仄的楼梯，进到一间有一张方桌和几张竹凳、墙上装着一架电话的屋子，再进去就是我的朋友的房间，和外间只隔一幅布帘。她不在家，窗前桌上留着一张条子，说是她临时有事出去，叫我等着她。

我在她桌前坐下，随手拿起一张报纸来看，忽然听见外屋板门吱地一声开了，过了一会儿，又听见有人在挪动那竹凳子。我掀开帘子，看见一个小姑娘，只有八九岁光景，瘦瘦的苍白的脸，冻得发紫的嘴唇，头发很短，穿一身很破旧的衣裤，光脚穿一双草鞋，正在登上竹凳想去摘墙上的听话器，看见我似乎吃了一惊，把手缩了回来。我问她："你要打电话吗？"她一面爬下竹凳，一面点头说："我要××医院，找胡大夫，我妈妈刚才吐了许多血！"我问："你知道××医院的电话号码吗？"她摇了摇头说："我正想问电话局……"我赶紧从机旁的电话本子里找到医院的号码，就又问她："找到了大夫，我请他到谁家去呢？"她说："你只要说王春林家里病了，他就会来的。"

我把电话打通了，她感激地谢了我，回头就走。我拉住她问："你的家远吗？"她指着窗外说："就在山窝那棵大黄果树下面，一下子就走到的。"说着就噔、噔、噔地下楼去了。

我又回到里屋去，把报纸前前后后都看完了，又拿起一本《唐诗三百首》来，看了一半，天色越发阴沉了，我的朋友还不回来。我无聊地站了起来，望着窗外浓雾里迷茫的山景，看到那棵黄果树下面的小屋，忽然想去探望那个小姑娘和她生病的妈妈。我下楼在门口买了几个大红橘子，塞在手提袋里，顺着歪斜不平的石板路，走到那小屋的门口。

我轻轻地叩着板门，刚才那个小姑娘出来开了门，抬头看了我，先愣了一下，后来就微笑了，招手叫我进去。这屋子很小很黑，靠墙的板铺上，她的妈妈闭着眼平躺着，大约是睡着了，被头上有斑斑的血痕，她的脸向里侧着，只看见她脸上的乱发，和脑后的一个大髻。门边一个小炭炉，上面放着一个小砂锅，微微地冒着热气。这小姑娘把炉前的小凳子让我坐了，她自己就蹲在我旁边，不住地打量我。我轻轻地问："大夫来过了吗？"她说："来过了，给妈妈打了一针……她现在很好。"她又像安慰我似的说："你放心，大夫明早还要来的。"我问："她吃过东西吗？这锅里是什么？"她笑说："红薯稀饭——我们的年夜饭。"我想起了我带来的橘子，就拿出来放在床边的小矮桌上。她没有做声，只伸手拿过一个最大的橘子来，用小刀削去上面的一段皮，又用两只手把底下的一大半轻轻地揉捏着。

我低声问："你家还有什么人？"她说："现在没有什么人，我爸爸到外面去了……"她没有说下去，只慢慢地从橘皮里掏出一瓤一瓤的橘瓣来，放在她妈妈的枕头边。

炉火的微光，渐渐地暗了下去，外面变黑了。我站起来要走，她拉住我，一面极其敏捷地拿过穿着麻线的大针，把那小橘碗四周相对地穿起来，像一个小筐似的，用一根小竹棍挑着，又从窗台上拿了一段短短的蜡头，放在里面点起来，递给我说："天黑了，路滑，这盏小橘灯照你上山吧！"

我赞赏地接过，谢了她，她送我出到门外，我不知道说什么好，她又像安慰我似的说："不久，我爸爸一定会回来的。那时我妈妈就会好了。"她用小手在面前画一个圆圈，最后按到我的手上："我们大家也都好了！"显然地，这"大家"也包括我在内。

我提着这灵巧的小橘灯，慢慢地在黑暗潮湿的山路上走着。这朦胧的橘红的光，实在照不了多远，但这小姑娘的镇定、勇敢、乐观的精神鼓舞了我，我似乎觉得眼前有无限光明！

我的朋友已经回来了，看见我提着小橘灯，便问我从哪里来。我说："从……从王春林家来。"她惊异地说："王春林，那个木匠，你怎么认得他？去年山下医学院里，有几个学生，被当做共产党抓走了，以后王春林也失踪了，据说他常替那些学生送信……"

当夜，我就离开那山村，再也没有听见那小姑娘和她母亲的消息。

但是从那时起，每逢春节，我就想起那盏小橘灯。十二年过去了，那小姑娘的爸爸一定早回来了。她妈妈也一定好了吧？因为我们"大家"都"好"了！

——原载 1957 年 1 月 31 日《中国少年报》

一、案例简介

（一）课程和案例的基本情况介绍

1. 课程介绍

该课程面向汉语言（经贸方向）本科三年级留学生开设，属于选修课之一。主要目的是让学生通过阅读和了解中国现当代文学及相关历史文化知识，加深对中华民族品格的感悟和认知。

2. 案例介绍

案例选取《小橘灯》，其中蕴含的文化育人元素为：面对困难，乐观向上。在教学过程中，从作者创作主题、重点字词、篇章、人物关系、相关课后阅读和作业等方面，围绕人生的艰难以及如何积极面对困难、对未来充满信心这一人生永恒命题，总结提炼出主人公如何在艰难困境下表现出坚定、坚强、坚韧、良善和乐观的可贵品质。

同时结合中国历史故事，将这一精神与中国人的吃苦耐劳、不畏艰辛、乐观自信的历史传统结合起来，进而引导留学生在中国人的日常生活工作中发现和观察具有“小橘灯”精神的人和事，同时结合本国历史和当代生活，总结与中国“小橘灯”精神具有同质性的精神品质，实现中外文化互通。

（二）立德树人方面的价值

这篇散文发表在 1957 年 1 月 31 日的《中国少年报》，是冰心在春节前夕应《中国少年报》之约所写。故事写的是十二年前（1945 年）春节前夕的一件往事，主人公是一个八九岁的小姑娘，她在爸爸外出避难、妈妈卧病在床的艰难处境下，勇敢地挑起了照顾家庭的重担。“我”去探望时，她不但没有悲观，而且丝毫不流露出愁容，反而“安慰我”，并做了一个“小橘灯”给“我”照路，坚信“爸爸一定会回来的”，到时“我们大家也都好了”。小姑娘这种“镇定、勇敢、乐观的精神”，是所有人在遇到困难时都应有的精神，是属于全人类的美好品质，具有世界共通性。以此为基点，可以帮助留学生更直观地了解中国国情，理解中国核心价值观。

二、思路与目标

（一）理念和思路

“欲知大道，必先为史。”欲把握社会规律，建构民族文化，树立民族自信，增强民族认同，必先尊重民族历史，以史为鉴，关照现实。文学既是全人类关照现实的文学形式，又具钩沉历史的积淀、丰盈人类灵魂的功用。

中国文学作为智慧和知识的载体，作为人类认识世界的特殊方式之一，作为中国文化的世界名片之一，是世界认识中国、了解中国和理解中国的最主要途径之一。文化无形而又有形，中国文学就是传承和发扬中华优秀文化的有形载体之一。文学，是人类自由安放灵魂的栖息地，是世界不同国家、不同民族，乃至全人类心灵的吟唱，表现人类最真挚、永恒的情感，满足人类对美好生活的追求，为人类提供语言的韵律之美，揭示普遍人性中真、善、美、诚、信、义等高贵品质。这些思想不指涉任何具体国家和民族,因而赋予文学天然的世界性。因此,如何让中国文学中所蕴含的中国思想和中国精神走向世界,在其过程中找到海外知音,进而推动世界所了解和理解的中国文学更接近中国思想的实质,并借以消除世界上负面的中国形象,是向留学生讲好中国文学故事的因,也是果。

(二) 目标的制定

1. 知识目标

(1) 作者简介:冰心(1900—1999 年),福建长乐人,1921 年加入文学研究会。1923 年在燕京大学中文系毕业,同年到美国留学,1926 年回国。曾在燕京大学、北平女子文理学院、清华大学任教。1919 年开始发表作品,有散文集《寄小读者》,诗集《春水》《繁星》,译有《泰戈尔诗集》《印度童话集》等。

(2) 关键词讲解:草鞋,《唐诗三百首》,红橘子,年夜饭,安慰,镇定,勇敢,乐观,光明,共产党。

(3) 历史背景:故事发生在 1945 年的陪都重庆。此时抗战即将结束,国民党却加紧了对中国共产党的迫害,老百姓的生活也日益艰苦,但饱受苦难的中国人民相信美好的生活即将到来,对光明充满了渴望。冰心以小姑娘的小橘灯,象征着黑暗中的光明,指引着人们在社会黑暗中找到广明的道路。

2. 文化目标

以案例所包含的中国历史、文化知识基础,以中国人面对苦难的乐观精神为导向,在系统讲解案例的丰富内涵的同时,集中围绕小姑娘勇敢、镇定、乐观的精神品质,结合其他现实生活中的类似案例,将小姑娘的个人品质与中华民族的精神品质有机衔接,并让留学生结合自身遇到困难时的行为表现与小姑娘进行对比分析,最终让学生们达成共识:困难不分国界,中国人的勇敢和乐观精神也不分国界,面对困难,全世界都应该积极面对,勇敢克服。

三、设计与实施

案例以"我"眼中"小姑娘"的行为为明线,以小姑娘在"我"内心所引发的情感变化为暗线，形成了初遇、探病、做灯、送灯、赞灯、忆灯等情节线索，以小橘灯所象征的小姑娘的镇定、勇敢、乐观精神与当时人们对美好幸福生活的向往结合起来，赋予小橘灯特殊的时代内涵：小橘灯给夜行者照亮前进的道路，小姑娘的美好人格则为“我”驱散了心灵的黑暗，带来了无穷的力量和信心。这种勇敢面对困难的乐观精神，是本案例所要阐释的重点和难点。具体实施过程是：

1. 从冰心这个笔名讲起：一片冰心在玉壶，冰清玉洁，说明谢婉莹起该笔名的含义。

2. 联系冰心作品的总体特点：爱——人间大爱。

3. 开篇引导：各国最重要的节日是什么，节日都做些什么，亲人团聚等。

4. 时代背景：“我”在春节临近的时候去拜访一位朋友；概述乡公所的情况：很破败；而乡公所是当地的权力机关，可以据此推断当地民间的贫穷状况。

5. 细讲小女孩的出场：外貌，年龄，穿戴。重点讲解：“你只要说王春林家里病了，她就会来的。”此话表明：①其妈妈久病，②八九岁的小女孩已经肩负家庭重任很长时间。

6. “我”是因为百无聊赖才生出去探望小姑娘及其母亲的念头，为后来情感变化埋下伏笔。

7. 小姑娘见到“我”时的表情。

先是“愣”，这说明：一是很少有人来看望，可能是因其家穷或是别的原因，如后来谈到的其父亲；二或因是春节，所以没想到有人来自己家，而且是只见过一次面的陌生人。

随即“微笑”：让“我”坐在炉前的小凳子上，自己蹲在“我”旁边，不住打量“我”，说明孩子内心对亲情的依恋，渴望爱，以及对我的信任。

然后几句话：“她现在很好。”安慰我：“你放心，大夫明早还要来的。”笑着说：“红薯稀饭——我们的年夜饭。”——突出小姑娘的体贴，懂事，乐观。与年龄不相符，却也因此更衬托出其早熟，也因此让“我”更加怜惜，也让读者心疼，牢牢地记住了这个小姑娘。

8.“我爸爸到外面去了……”：先提问学生省略号的目的，然后让学生判断这里省略了什么：打工，离婚，抛弃，死亡等，说明无论此时的结局是什么，对小女孩来说，爸爸只是外出，就像出去串门、走亲戚，哪怕是出去工作，都是意味着会回来的，而这，就是希望存在。

9. 天黑，“我”要走了，小姑娘做成小橘灯。小姑娘在门外安慰“我”。小姑娘的镇定、勇敢、乐观，使小橘灯“朦胧”的光显然因其心灵之光而照亮了黑暗的山路，也照亮了人生的道路。

10. 最后通过朋友之口，知道小姑娘的父亲因参与共产党的活动而失踪，这意味着他可能永远回不来了，但故事的结局却并不因这种不幸的命运而显得暗淡、绝望，相反，恰是这种人世最不幸的结局，越发衬托出小姑娘的乐观是那么必要，那么富有生命的活力，也因此激励了“我”，以及许许多多的“我”，在暗黑的夜，在黎明前的黑暗，充满生命的欲望和无穷的信心。12 年的隔绝，不但没有使“我”忘记小姑娘和她的家，反而使“我”相信：千千万万小姑娘一样的小姑娘和她们的家，应该都“好”了。

11. 借此故事组织学生讨论：谁遇到过小姑娘这样的状况和困难？你是如何解决的？

12. 总结：案例的启示：无论遇到什么困难，都要想起小姑娘这盏小橘灯，都应对生活充满希望。

四、反思与分析

（一）教学效果

留学生对《小橘灯》特定的历史文化语境缺乏了解，所以难以引起时代共鸣，但对小姑娘所面对的困难，尤其是独自一人照顾生病的母亲，容易引起感情共鸣，因此总体教学目标可以实现，并且通过情景还原和启发，可以推动留学生结合自身成长经历和家庭社会生活经验，感同身受，对案例所表达的乐观主义精神表示赞扬和认同。

(二) 注意事项及改进思路

为留学生讲中国文学作品,应投入一定的时间营造特定的场域,如观看电影片段、图片,参观特定的场馆、遗址等,让留学生能在一定程度上了解作品所涉及的特殊历史年代的特殊中国国情、民情。

课堂授课方式应以讨论为主,引导留学生结合自己生活经历和本国类似历史故事,启发学生认知世界的欢乐和痛苦都具有共通性、普遍性,这有助于形成留学生的文化平等意识,有助于汉语学习和对中国文化的理解和认同。

报国济民，知华友华

——以《炉中煤》的教学设计为例

王　琼

一、案例简介

（一）课程和案例的基本情况介绍

1. 课程介绍

“中国现当代文学”是汉语言（国际教育方向）专业的一门面向留学生的专业选修课。通过教学，学生应基本掌握中国现当代文学的基本历史，了解重要作家的主要作品，并能运用所学知识，培养出一定的文学欣赏和分析能力，提升对中国文化及中华民族精神的理解和认同。

2. 案例介绍

郭沫若的诗歌《炉中煤》是从炉里燃烧着的煤的角度来描写的。诗人通过拟物法把自己比作“炉中煤”，诗人的内心就如同熊熊燃烧的煤火一般，充分表达了诗人热爱和怀念祖国的感情的强烈和深切；通过拟人法把祖国比作“我心爱的人儿”“年青的女郎”，以艺术的手法抒发自己的感情，诗情随诗律跌宕起伏，韵味深长。

（二）设计意义

《女神》收集了郭沫若在五四运动前后的诗作，标志着中国的新诗创作开始走向成熟。《炉中煤》是其中有代表性的一篇，它集中体现了“五四”时期的爱国主义精神。爱国主义具有普世价值，可以得到留学生的情感共鸣，同时也可以帮助留学生深入了解中国历史文化和民族精神。

二、思路与目标

(一) 设计思路

第二语言教学的课程设置中，文化课尤其是文学课的设置尤为必要。把语言教学与文学教学相结合理应是文学课案例编写的一大原则。本着这样的理念和原则，本案例以作品带出文学史，不仅让外国留学生了解《炉中煤》这首诗歌的思想内容及艺术特色，同时对作品背后的作家以及文学史知识有一定的了解和把握。案例力图教给学生欣赏诗歌的方法，努力把语言技能的训练、文学、历史知识点的展示融会贯通于教学的方方面面，把中国诗歌的魅力尽可能地展现给学生。希望通过本案例的学习可以培养学生对诗歌的感知力，激发学生的文学创造力，同时让学生主动思考个人和国家的关系，增强学生的爱国情怀和责任意识，达到“知华友华”的教学效果。

(二) 设计目标

1. 知识目标

(1) 认识郭沫若先生

郭沫若(1892—1978 年)，原名郭开贞，四川乐山人，1916 年，他以故乡的两条河——“沫水”和“若水”的第一个字取笔名沫若。他毕业于日本九州帝国大学，是现代文学家、历史学家、新诗奠基人之一。1914 年赴日学医，五四运动前后弃医从文，积极投身于革命文化运动。1921 年与成仿吾、郁达夫等组织新文学团体“创造社”。郭沫若是我国新诗的奠基人，是继鲁迅之后革命文化界公认的领袖。历任政务院副总理、全国文联主席、全国人大副委员长、全国政协副主席。

他的作品以爱国情怀、独特的乡土观、女性形象的塑造、生命意识和悲剧色彩为创作视角，广泛使用了想象与现实相结合、象征的写作手法。郭沫若最主要的文学成就在诗歌，著有《女神》《星空》《瓶》《前茅》等新诗集；还著有散文《我的幼年》《反正前后》《创造十年》等，戏剧《三个叛逆的女性》《棠棣之花》《高渐离》《蔡文姬》等。

(2) 关键词讲解：

辜负　殷勤　思量　燃　前身　黑奴　卤莽　栋梁　活埋　今朝　故乡

(3) 历史背景：

《炉中煤》是诗人对祖国的恋歌，写于 1920 年 12 月，当时，诗人正在日本。1914 年初，郭沫若怀着“报国济民”的抱负东渡日本求学。由于国内政治的黑暗和社会的腐败，诗人的理想无法实现，才华未能施展，但他无时无刻不在关注和思念祖国。十月革命的炮声和“五四”运动的爆发，使他看到了祖国的希望和胜利的曙光，虽然他未能亲自参加国内的五四运动，但汹涌澎湃的革命浪潮却冲击着他，振奋着他。《炉中煤》就是在这样的精神状态下创作出来的。他把这时期的诗，集为《女神》，于 1921 年 8 月出版，这是郭沫若的第一部诗集，也是中国新诗发展史上的第一座丰碑。

2. 文化目标

案例重视对《炉中煤》思想内容、象征意义和艺术特色的分析与鉴赏，通过引导留学生对诗歌的细读，使学生掌握诗歌的基本常识，从而具有一定的欣赏和分析诗歌的能力。同时把文学作品放在五四运动这一历史场域中，引导学生了解《炉中煤》写作的历史背景和文学史意义。加深留学生对中国现代历史和文学的理解和认识，提高其对中华民族民族精神的认识的广度与深度，提升其艺术鉴赏力。

三、具体实施

(一) 课前导入

在你的国家，通常会以哪种方式来表达自己对祖国的感情？通常人们更多的把祖国比喻成“母亲”，但有一位诗人，却把祖国比喻成“年青的女郎”，这位诗人就是中国现代著名诗人——郭沫若，这首诗就是著名的《炉中煤》。今天，就让我们感受诗人的才情，领略诗人如火的爱国情怀吧。

(二) 文学常识

五四运动时期,民主主义和社会主义的盛行,很多作者把同情、歌颂工农劳动者作为创作的出发点,如鲁迅对闰土、祥林嫂的书写。郭沫若于 1921 年 8 月出版的第一本诗集《女神》也不例外,从主旨、情感内涵上,从艺术风格、表现和形式的创造上都凸显了"五四"时代精神,可以看作是中国现代新诗的奠基之作,也是中国现代浪漫主义文学最重要的奠基作品。与郭沫若同时期诞生的诗人,还有汪静之、冯雪峰、潘漠华、应修人等。

(三) 以问题为导向进入诗歌思想内容、象征意义和艺术特色的分析与鉴赏

1. 第一节赏析

(1) 诗中"炉中煤"比喻什么? 为什么作这样的比喻? 这样比喻有什么好处?

炉中煤是作者自喻。因为本诗表现的是"眷念祖国的情绪",把自己比喻成"炉中煤"有两个作用:一是从形象特征看,炉中煤是火红、炽热、旺盛、熊熊燃烧的,这与诗人对祖国感情的热烈、深切是一致的;二是从精神特征上看,"炉中煤"具有为人奉献火与热,将自己燃烧成灰、殒身不恤的献身精神,这与作者立志报国济民的情意是一致的。

(2) 诗中"年青的女郎"比喻什么,为什么作这样的比喻? 这样比喻有什么好处?

"年青的女郎"比喻"五四"以后的祖国。作者把具有几千年历史的古老祖国比作"年青的女郎",蕴含着深意。在《创造十年 · 学生时代》一书中,作者曾写道:"'五四'以后的中国,在我的心目中就像一位很葱俊的有进取气象的姑娘,她简直就和我的爱人一样。我的那篇《凤凰涅槃》便是象征着中国的更生。'眷念祖国的情绪'的《炉中煤》便是我对于她的恋歌。"可见,把祖国称之为"年青的女郎",正是诗人对封建、落后的旧中国的否定,对"五四"运动以后新生祖国的赞美、讴歌。具体来讲有两个方面的作用:一是可以形象表现"五四"以后的祖国特征——充满了崭新的气象和勃勃的生机,就像一位青春焕发的"年青女郎",表现了诗人对祖国在"五四"之后所呈现的新气象的认识。二是从抒情的角度讲,更易于抒发炽烈、

奔放的情感。

(3)“炉中煤”(物)和“年青的女郎”(人)并不构成生活中恋人的关系,诗中却是写“煤”向“女郎”倾诉衷肠,这是否有违常理?

作品中的“炉中煤”和“年青的女郎”,虽构不成生活中恋人的关系,但从精神实质上讲,同样是在奉献一颗滚烫的心。

(4)如何理解“我不辜负你的殷勤,你也不要辜负我的思量”?

前一句是写祖国对于诗人的养育之恩,这是诗人思念祖国的基础。因为是在对作为喻体的“年青的女郎”倾诉,所以这里也比喻性地用了“殷勤”。“不辜负”三字表达了报效之意。后一句的“思量”,不仅是指对于作为地理概念的祖国的思念,不仅是对山川土地的思念,而且还具有更深含义的期望,即希望祖国不断发展,日益强盛、进步,所以用了“也不要辜负”。这两句表达了自己与祖国两情依依、心心相印的密切关系,既显示了自己报国济民的情意,又寄托了对祖国革命运动继续发展壮大的期望。

2. 第二节赏析

(1)“炉中煤”为何自称“黑奴卤莽”?

这是对“煤”的外观形象的描述:浑身黝黑,形象粗陋,不惹人喜爱。

(2)“炉中煤”为何称自己为“奴”?

“黑奴”的“奴”,可以理解为“我”对于“年青的女郎”即对于祖国心甘情愿、全心全意的奉献精神。

(3)如何理解“你该知道我的前身?你该不嫌我黑奴卤莽”的“不嫌”?

我的外表虽然粗黑,但心是火红炽热的。那是因了我的“前身”,我的来历,我所具有的内在价值。有了这些,我虽然“黑奴卤莽”,你也该不会嫌弃的吧。而且,只有像我这样有“前身”的黑奴胸中,才有对你炽烈深切的感情。

(4)“炉中煤”自称“黑奴卤莽”有什么作用?

“黑奴卤莽”的外表与“火热的心肠”强烈地反差,又高度地统一。

3. 第三节赏析

(1)“炉中煤”的前身、过去和今朝分别指什么？怎样理解？

前身——“原本是有用的栋梁”，过去——“活埋在地底多年”，今朝——“总得重见天光”。从字面上讲，讲的是煤的形成过程，其深层含义是说自己原本是国家有用之才，但在过去黑暗现实的压迫下，爱国之情深埋心中，不得抒发，空怀报国之志，却无报国之门。今朝，在五四运动的推动下，祖国焕发出新的青春，诗人的爱国情感不可抑制地喷发而出，报效祖国的时机终于来了。既表达了作者对五四运动的光明的渴求和赞颂，又倾诉了作为一个新时代的斗士的诗人对祖国的光辉前途、民族的发达兴旺的希冀，以及诗人对自己“报国济民”抱负的跃跃欲试的心情。

4. 第四节赏析

(1) 本节抒发作者对祖国的那些感情？

一是对祖国的思念之情。“五四”之后，诗人作为“处在国外的人”“苦于知识的桎梏而想自由解脱，跑回国去投向爱人的怀里”。这是诗人内心情感的真实表露，而这几行诗，正是这种情感的艺术写照。

二是表达了自己急于报效祖国的决心与热情。

(2) 本诗末节的“燃”与首节中的“燃”含义是否一样？

不同。在这首诗中，“燃”字是最富于动感的一个词，给人的形象感受是炉火跳动，光热四溢，“炉中煤”的生命在“燃”中得以显现，得以升华。表达出诗人对祖国眷念之深，思渴之切。前一个“燃”，是诗人在黑暗长夜中摸索探寻；而后一个“燃”，则强调了诗人在“重见天光”后的奋斗搏击。

5. 炉中煤的象征意义分析

(1) 象征作者火红、炽热、旺盛、熊熊燃烧的爱国激情。

(2) 象征作者为人类奉献光与热，燃烧成灰、殒身不恤的献身精神。

6. 年青的女郎的象征意义分析

(1) 象征经过五四运动战斗洗礼后的生机勃勃的祖国。同时，也是诗人热恋、追求的对象。

(2) 不仅表达了对祖国深切真挚的眷恋,也反映出作者对"五四"精神的肯定和对祖国新生的信念。

7. 艺术特色分析

(1) 诗人把生活中互不相干的事物作为喻体,构成艺术形象。在诗人眼中,似乎并不计较两个比喻体在生活中的真实关系,而是更注重喻体内在的个性特质。"炉中煤"是炽烈燃烧的象征,"年青的女郎"一向是令人倾慕、思念的对象。诗人借此淋漓尽致地抒发自己的爱国激情,毫无牵强生涩之感。诗人如此的艺术构思,热烈奔放的情绪,是与"五四"之后狂飙突进的革命文艺思潮及诗人本身的浪漫气质分不开的。

(2) 布局严谨,章法讲究。

第一节:总述爱国之情与报国之志,表达比较抽象、概括。

第二节:分述爱国之情(火一样心肠)。

第三节:分述报国之志(原本是有用的栋梁)。

第四节:总述,与第一节呼应,从思想感情与层次结构上把全诗推向高潮。

(3) 韵律和谐,旋律优美。

从格式、韵律看,全诗每节五行,每行音节大致相近;全篇奇数行押韵,一韵到底;各节均以"啊,我年青的女郎!"起句,节节如此,有一种回环往复的旋律之美。

8. 总结:作者的感情脉络分析

↱献身之情(第四节)

↱报效之情(第三节)

↱忠诚之情(第二节)

眷念之情(第一节)

(四) 文化与实践

1. 文化交际:成语

成语:民间广泛流行通用的词组或短句,具有通俗易懂、口语化、便于交流等特征。

重见天日(chóng jiàn tiān rì)

【解释】字面意思为重新看到了天和太阳，比喻脱离黑暗，重新见到光明。

【出处】《三国演义》第二十八回。

【情景与对话】老师和留学生玛丽在上海博物馆参观文物。

老师：多亏考古学家们的发现，才能使这些珍贵的青铜器重见天日。

玛丽：是的，我们要感谢考古学家们，因为他们的努力，所以这些被埋在土里那么长久的宝物才能重见天日。

2. 文化地标

(1) 郭沫若故居：位于北京市西城区前海西沿18号，郭沫若先生自1963年10月至1978年6月12日在这里度过了他人生中的最后15年。该住宅原为清代和珅的一座花园，后来成为恭亲王的草料场和马厩。

(2) 新文化运动纪念馆：新文化运动纪念馆于2002年5月正式对外开放，馆址即北大红楼，位于沙滩北街，即五四大街29号，是一座具有光荣革命传统的近代建筑，是全国唯一一家全面展示“五四”新文化运动历史的综合性博物馆。北大红楼是中国新文化运动的主阵地和五四运动的策源地，中国共产党早期的一些重要活动也曾在这里举行，1961年3月被公布为第一批全国重点文物保护单位。2002年12月，北京新文化运动纪念馆成为北京市爱国主义教育基地，目前也是全国重点红色旅游景区。

(五) 练一练

1. 佳句填空

(1) 啊，我__________！

我不辜负你的殷勤，

你也不要辜负了我的思量。

我为我心爱的人儿

燃到了这般模样！

(2) 啊，我年青的女郎！

我自从重见天光

我常常__________。

我为我心爱的人儿

燃到了这般模样！

2. 文化知识填空

(1) 拟物法和拟人法都是__________手法，通过把人比作物，或者把物比作人，使表达的形象更为生动。本文作者将自己比作了________，又把________比作了“我心爱的人儿”和________。

(2) 郭沫若的第一本诗集《__________》出版于______年______月，可以看作是中国现代__________的奠基之作，也是中国现代__________文学最重要的奠基作品。

3. 解释下列句中加点词语的意思

(1) 我想我的前身，原本是有用的栋梁。

(2) 眷念祖国的情绪。

4. 下列选项中运用拟物法的有(　　)，运用拟人法的有(　　)。

A. 花儿在风中笑弯了腰。

B. 小弟弟的脸红通通、胖乎乎的，看上去像一个可爱的大苹果。

C. 下课铃一响，小朋友们就像小鸟儿一样飞出了教室。

D. 收音机天天说个不停，令邻居十分讨厌！

5. 简答

副标题“眷恋祖国的情绪”的含义是什么？它作为标题的一部分，有什么作用？

6. 课后实践

理解全文，根据你对本诗歌的理解，自选角度，描写你心目中“炉中煤”的形象。

四、创新之处

留学生对《炉中煤》的时代语境较为陌生，但通过对爱人的热烈讴歌来抒发爱国之情，留学生易于接受，因此总体教学目标可以实现。留学生通过和自己国家的比较，以及一系列的深入思考和文化实践，可以做到感同身受，被作者的爱国情怀所感染，赞扬和认同中国的文艺和历史。

五、教学反思

讲解五四运动和诗歌写作背景时可结合影视片段、PPT 上的图片等，有条件的话可以带领学生参观参观新文化运动纪念馆和郭沫若故居等，让留学生置身于历史现场，体会作者写作时较为“真实”的可触可感的语境。

课堂授课方式应结合 PPT 课件，以问答式引导和学生讨论为主，力求让留学生的感情和诗歌所抒发的递进式爱国之情“同频共振”，同时，在感动之后对诗歌的思想内容和表现形式有更深入的探索思考及表达训练，达到“知华—友华—爱华”的效果。

附：

炉中煤

——眷恋祖国的情绪

郭沫若

啊，我年青的女郎！

我不辜负你的殷勤，

你也不要辜负了我的思量。

我为我心爱的人儿

燃到了这般模样！

啊，我年青的女郎！
你该知道了我的前身？
你该不嫌我黑奴卤莽？
要我这黑奴的胸中
才有火一样的心肠。

啊，我年青的女郎！
我想我的前身
原本是有用的栋梁，
我活埋在地底多年
到今朝才得重见天光。

啊，我年青的女郎！
我自从重见天光
我常常思念我的故乡。
我为我心爱的人儿
燃到了这般模样！

1920年2月3日发表于《时事新报·学灯》

锦绣山河，千古绝唱

——以《念奴娇·赤壁怀古》的教学设计为例

夏雪飞

一、案例简介

(一) 课程和案例的基本情况介绍

1. 课程介绍

该课程面向汉语国际教育硕士(留学生)开设，属于选修课之一。主要目的是通过这首词，让留学生感受中国古典诗词的艺术魅力，感受伟大词人苏轼在这首词中所表达的中国传统儒家精神的用世之志以及道家的旷达之境，进而体会中华民族文化博大宽广的优秀品格。

2. 案例介绍

案例选取北宋词人苏轼的著名词作《念奴娇·赤壁怀古》，其中蕴含的文化育人元素为：既要有用世之志意，也要有旷达而博大的心胸。本课程将从重点字词的讲解、宋词的文化品格、苏轼跌宕起伏的人生历程、苏轼写作这首词的背景、三国历史故事、中国传统的儒释道文化、课后相关延伸阅读和讨论等方面，加深对中国传统文化的了解。

(二) 立德树人方面的价值

1079 年(宋神宗元丰二年)，苏轼在湖州任上被人诬陷，说他所作诗文讽刺朝廷，因此被捕入狱半年，这就是“乌台诗案”。半年后，他被贬至黄州(今湖北黄冈)，这首词是他在黄州所写，写于 1082 年，当时的苏轼 45 岁，被贬黄州已经有两年多。苏轼年少时曾以东汉名臣范滂为榜样，立用世之心，初应贡举，便获高第，而且得到欧阳修的赏识，一直胸怀大志，以天下为己任。他被贬黄州，当时正是仕途受挫、年近半百、人生彷徨之时，苏轼的这首词却并没有因为遭遇忧患而愁苦哀伤，而是表现出了一种疏放的气质，在人生低徊处的乐观旷达，体现出了古代儒家所重视的善处穷通之际的一种自持的修养，一种放得开的豁达心胸，这也是中华民族积极向上的文化品格的重要体现。以此作为案例进行教学，不但可以让学生感知到中国传统文学之美，更重要的是，这样伟大的文化品格也是世界文明的瑰宝，可以为全世界提供来自中国传统观念的能量，让留学生更直观深切地感受到中华文明的崇高，为他们的人生观和价值观提供正确的引导。

二、思路与目标

（一）教学思路

中国的传统文化博大精深，充满了人生的智慧和哲思，传统文学作品穿越千年的历史，让我们从中感受到了中国文化之美、中国文化之智、中国文化之博。以文学作品作为讲授对象，可以更好地更直观地让留学生了解中国文化。苏轼的这首词中的那种在人生的低徊处不放弃，不自怨自艾，旷达的人生态度值得所有人学习。在人生的历程中，谁都不能一帆风顺，难免遇到挫折，这是所有人都不得不面对的难题。选取这首词进行讲解，结合苏轼的人生历程，可以使得学生产生一种共命运感，也就更能切身体会中华民族的这种优秀的文化品格，为中国的民族自信、中华民族的伟大复兴，提供来自传统文化的能量，也让中国的传统文学成为沟通世界人民的桥梁，成为温暖世界人民内心的一贴“黏合剂”。

（二）教学目标

1. 知识目标

（1）作者简介：苏轼（1037—1101 年），字子瞻、和仲，号铁冠道人、东坡居士，世称苏东坡、苏仙。眉州眉山（今四川省眉山市）人，祖籍河北栾城。北宋中期文坛领袖，在诗、词、散文、书、画等方面取得很高成就。文纵横恣肆；诗题材广阔，清新豪健，善用夸张比喻，独具风格，与黄庭坚并称“苏黄”；词开豪放一派，与辛弃疾同是豪放派代表，并称“苏辛”；散文著述宏富，豪放自如，与欧阳修并称“欧苏”，为“唐宋八大家”之一；善书，“宋四家”之一；擅长文人画，尤擅墨竹、怪石、枯木等。

(2) 作为文体的“宋词”：宋代盛行的一种中国文学体裁。宋词是一种相对于古体诗的新体诗歌之一，为宋代儒客文人智慧精华，标志宋代文学的最高成就。宋词句子有长有短，便于歌唱，因是合乐的歌词，故又称曲子词、乐府、乐章、长短句、诗余、琴趣等。它始于南朝梁代，形成于唐代而极盛于宋代。“念奴娇”是一个词牌，表示词的格式，不同的词牌有不同的格式。

(3) 创作背景：这首词是宋神宗元丰五年(1082 年)苏轼谪居黄州时所写，当时作者 45 岁，因“乌台诗案”被贬黄州已两年余。苏轼由于诗文讽喻新法，为新派官僚罗织论罪而被贬，心中有无尽的忧愁无从述说，于是四处游山玩水以放松情绪。正巧来到黄州城外的赤壁(鼻)矶，此处壮丽的风景使作者感触良多，更是让作者在追忆当年三国时期周瑜无限风光的同时也感叹时光易逝，因写下此词。

(4) “赤壁之战”的典故：赤壁之战是指东汉末年孙权、刘备联军于建安十三年(208 年)在长江赤壁(今湖北省赤壁市西北)一带大破曹操大军的战役。这是中国历史上以少胜多、以弱胜强的著名战役之一，是三国时期“三大战役”中最为著名的一场，也是中国历史上第一次在长江流域进行的大规模江河作战。曹操率二十万众顺江而下。东吴的左右督周瑜、程普各自督领一万五千精兵，与刘备军一起逆江而上，与曹军相遇在赤壁。黄盖提出了火攻敌船之计，于是，孙刘联军大破曹军，烧毁了大量的曹军舟船。曹军又将剩余的曹军舟船都予以烧毁，然后撤退，因为士卒饥疫而死者大半。此战之后，孙权、刘备各自夺去荆州的一部分，奠定了三国鼎立的基础。

2. 文化目标

作为宋词中的名篇，该案例有高远的审美气象、宏阔的境界，将写景、抒情、咏史融为一体，代表了宋词的最高艺术水平。同时，这一案例中包含的中华民族的智慧和优秀品格,更是值得全世界人来学习和品味。这首词中,既有诗人的真情实感:借"赤壁之战"的典故来抒发自己怀才不遇的悲慨,同时作者又没有囿于个人的这种挫败感中,而是将这种感情上升到一种旷达的人生哲理中,表现了一种自我持守的精神以及超旷的胸襟。苏轼一生屡遭迁贬,但他无论在朝在野,都未曾放弃对国事、民瘼的关心,一直以一种超越的精神面对挫折,他这样的立身态度,也正体现了一个传统的儒家知识分子悬壶济世的用世之心以及博大的胸襟。以此为案例进行讲解,可以更好地加深学生对中华民族伟大品格的理解,进而实现文化之间的交流和沟通。

三、设计与实施

本案例的具体实施过程如下:

1. 从故宫六百年大展讲起:2020 年故宫 600 年大展,首个重量级的大型展览就是苏轼特展,这体现了苏轼在中国传统文化史上的崇高地位,以及中国人对于苏轼深厚的感情。不仅如此,苏轼已经"跨出国门",成为了世界级的"偶像":2000 年,法国《世界报》组织评选公元 1001—2000 年的"千年英雄",全世界一共评出 12 位,苏东坡名列其中,是唯一入选的亚洲人。

2. 讲解一些与此案例相关的知识点:宋词、"念奴娇"这一词牌、苏轼生平、该作品的创作背景、"赤壁之战"的故事。

3. 对这首词的一些重点字词进行讲解并带着学生诵读这首词,让留学生能够完全读懂这首的意思,感受其壮阔的审美意境,感受汉语的音乐之美,诵读的抑扬顿挫如下:

大江/东去,浪/淘尽↘,千古/风流/人物。故垒西边,人道是↘,三国/周郎/赤壁↘。乱石/穿空↗,惊涛/拍岸↗,卷起/千堆雪↘。江山如画,一时/多少↘豪杰。

遥想/公瑾当年,小乔/初嫁了,雄姿/英发↘。羽扇纶巾↗,谈笑间↗,樯橹/灰飞烟灭↘。故国/神游,多情/应笑我,早生/华发↘。人生如梦↘,一樽/还酹/江月↘。

4. 具体分析这首词的审美特征:上片写景,下片抒情。作者描述了赤壁景色的雄奇,通过"大江""故垒""乱石""惊涛""千堆雪""江山"等意象,"乱""穿""惊""拍""卷"等动词以及夸张、对偶、比喻、拟人等修辞手法的运用,渲染了一种磅礴宏伟的气势,展现了作家高超的艺术表现力。面对大江奇景,词人触景生情,发出深沉的感慨:由状景过渡到述人,十分自然。这一声慨叹将怀古之情和江山之胜融为一体。"一时多少豪杰"是虚写,既照应了开头"千古风流人物",又为下片写周瑜作了铺垫。作者借周瑜抒发自己感慨的原因,可以由下表所展示:

人物	周瑜	苏轼
年龄	34(赤壁之战时)	47(写作此词时)
婚姻	"小乔初嫁了"	爱妻亡故
外貌	英俊儒雅	早生华发
职务	东吴都督	团练副使
际遇	功成名就	被贬至黄州

借周瑜的年少有为来感叹自己的事业无成、壮志难酬、年华虚度。虽然如此,苏轼并未消沉悲哀,最后一句"人生如梦,一樽还酹江月"语气甚为旷达,将其立身之志意、超旷之胸襟作了最好的融会贯通。

5. 让学生根据这首词,用自己的语言描写赤壁的景色,以此加强留学生的文学化的语言表达能力,展现中国语言之魅力。

6. 让学生讲讲自己在面对困难和挫折时,常常采用什么样的解决方法?对当下社会中的一些"丧"文化提出批评,请学生从苏轼的词中获得启发,讨论这种"丧"文化的危害,进而启发学生树立积极乐观的人生态度,弘扬中国文化。

7. 总结:中国传统文化是充满智慧的文化,给当代中国人和世界人民以伟大的启示,中国传统文学中积极用世的儒家精神,关心国事民瘼的知识分子理想,以及面对挫折时的旷达和超脱,都将贯穿整个人类的发展史,永远发出耀眼的光辉。

四、反思与分析

（一）教学效果

中国传统文化中深植着一种智性的思维，通过对苏轼这首词以及苏轼人生历程的讲解，可以激发学生感情的共鸣，即如何面对逆境的问题。有了情感的共鸣，就会激发学生的学习兴趣，进而更好地了解中国文化，也为取得良好的教学效果奠定基础。

（二）注意事项及改进思路

任何文化之间还是存在差异的，宋词距今已经有一千多年的历史，无论是语言表达还是典故，都可能会对学生的学习造成困扰，所以在讲授时，要采用灵活机动的教学模式，综合运用教师讲解、学生讨论、观看视频资料、图片、音乐欣赏等方式，激发学生的共情意识，让留学生更好地学习和了解三国时期的历史知识、欣赏这首词的壮阔意境、理解中华民族文化的伟大品格，进而弘扬中国文化，实现世界文化交流的目的。

附：

念奴娇·赤壁怀古

（宋）苏轼

大江东去，浪淘尽，千古风流人物。故垒西边，人道是，三国周郎赤壁。乱石穿空，惊涛拍岸，卷起千堆雪。江山如画，一时多少豪杰。

遥想公瑾当年，小乔初嫁了，雄姿英发。羽扇纶巾，谈笑间，樯橹灰飞烟灭。故国神游，多情应笑我，早生华发。人生如梦，一樽还酹江月。

端端正正，源远流长

——以《中国文化系列讲座之汉字的故事》的教学设计为例

赵　莹

一、案例简介

（一）课程和案例的基本情况介绍

1. 课程介绍

意大利佛罗伦萨大学孔子学院中国文化系列讲座始于2018年春季学期，是佛罗伦萨大学孔子学院在“汉语角”的基础上发展起来的，面向当地汉语学习者及社会各界人士，以弘扬中华文化为主旨的一系列文化体验活动。讲座每周举行一次，由孔子学院中方教师及志愿者教师主讲，配有中、英、意三语解说。讲座内容不仅涵盖了汉字、京剧、书法、诗词、太极拳、茶文化等中国传统文化，而且也讲述了现当代中国在经济、文化、科技等各个领域的现状及取得的成就，有效地促进了当地民众学习汉语的积极性和对中国的了解。

2. 案例介绍

“汉字的故事”为意大利佛罗伦萨大学孔子学院中国文化系列讲座的第一讲，也是最受欢迎的一讲。讲座从汉字在亚洲国家和地区的古今使用情况说起，全面介绍了汉字的起源和发展、字形字体的演变、造字方法及汉字书写规则等多方面内容，并设计了象形字猜字意、猜汉字谜语、汉字组合、汉字传递等丰富有趣的游戏活动，深入浅出，知识性与趣味性并重，师生互动良好，社会反响热烈。

（二）设计意义

语言是文化的载体，汉字是汉语言的载体。中国文化系列讲座的第一讲为“汉字的故事”,即是期望通过汉字,向海外汉语学习者及社会各界人士展示汉语言的历史内涵以及汉文化的持久魅力,使当地民众直观而深刻地了解汉字、汉语、汉文化的底蕴,从而进一步了解古代中国人认识世界的方式和中国人的思维方式,激发当地民众学习汉语、研究中华文化、了解中国的热情。

二、思路与目标

(一) 设计思路

若想深刻了解一个国家的文化,必先了解其语言。语言不仅是文化的载体,同时也是一种思维方式,而汉字作为汉语言的载体,其中不仅蕴含了中国的历史、文化,同时也蕴含了中国人的思维方式以及认识世界的方式。学习汉语,了解中国,必然要学习汉字。

由于造字方法体系的不同,对于母语大多使用字母文字的海外汉语学习者和来华留学生而言,学习汉字这一迄今为止仍在使用的世界上最古老的文字,他们会先入为主地怀有“恐惧心理”,如何让学生发自内心地觉得汉字好玩儿、有意思,使其消除畏难情绪,是我们进行汉语及汉字教学时需要认真思考的问题。

中国文化系列讲座,不仅面向意大利当地初、中、高级汉语学习者,而且也面向大量没有学习过汉语而仅仅是对汉语汉文化感兴趣的当地普通民众及社会各界人士,所以,设计寓教于乐、生动有趣,具有科普性和趣味性的讲座内容,是我们的设计理念和思路。

(二) 设计目标

1. 知识目标

(1) 汉字的使用情况。正在使用或历史上使用过汉字的国家有:中国、日本、韩国、朝鲜、越南、新加坡、马来西亚。

(2) 汉字的起源。在世界上最古老的四种文字——古埃及象形文字、古印度婆罗米文、古巴比伦楔形文字、古代中国甲骨文——中,至今仍在使用的,只有中国的汉字。最早的汉字是在约公元前 14 世纪的殷商(公元前 1600—前 1046 年)后期出现的,这时形成了初步的定型文字,即甲骨文。仓颉造字的传说。

(3) 汉字的演变:甲骨文、金文、篆书、隶书、楷书的演变。繁体字和简体字的概念和字形区别:《简化字总表》,1986 年。

(4) 汉字的数量。《汉语大字典》:2010 年,60 370 个。《中华字海》:1994 年,85 568 个(收字最多的字典)。通用字:一般社会领域普遍使用的字。《现代汉语通用字表》:1988,7 000 个。常用字:经常使用的字,阅读一般书籍报纸。《现代汉语常用字表》:1988,“常用字”2 500 个,“次常用字”1 000 个,共 3 500 个。中国学生识字量:小学生:大约 2 500 个;初中生:大约 3 500 个。

(5) 汉字书写规则:笔画、笔顺、部首。

(6) 造字法:象形、指事、会意、形声。

2. 交际目标

通过讲座,进一步加深海外汉语学习者在汉语学习过程中对所学汉字的理解和掌握,进一步激发学习者学习汉字、汉语、汉文化的热情。初步满足海外汉语学习者日后来中国学习、工作、生活所需的汉字基础知识。

3. 育人目标

通过讲座,使汉语学习者及社会各界人士在对汉字有了比较全面的认识基础上,深刻体会古代中国人认识世界的方式、思维方式以及汉字中蕴含的历史文化内涵,从而对中华文明产生浓厚的兴趣,促进其进一步学习汉语、了解中华文化、探索中国,加深海外汉语学习者及社会各界人士对中国人、中国人的思维方式的理解和认识。

三、具体实施

通过知识讲述和游戏互动,使学习者全面了解汉字的起源和发展、字形字体的演变、造字方法、汉字书写规则以及汉字在世界范围内的使用情况等。具体实施过程如下：

1. 通过图片展示(上海南京东路饭店招牌等)，使学习者直观地感受汉字在中国的使用情况，引导学生意识到学习汉字的重要性和必要性，同时对当代中国社会生活场景产生初步的认识。

2. 展示日本街头图片(有汉字招牌)，让学习者猜"这是哪个国家?"，引出知识点：除中国外，使用或历史上使用过汉字的国家有日本、韩国、朝鲜、越南、新加坡、马来西亚等。使学生了解汉字使用的广泛性。

3. 展示"日""月""山""水""木""火"等简单象形字的甲骨文字体，让学习者猜词义，然后给出实物图片和现在该汉字的楷书写法，通过对比使学习者得出"汉字不难""汉字有意思"的结论，消除畏难情绪，并对汉字的演变有初步的概念。

4. 小游戏：找一找，通过一幅甲骨文画，引导学习者找到其中包含的汉字：日、火、云、木、林、山、水、人、舟、鱼、鹿、石。使学习者深刻体会象形字是对事物的摹画。

5. 播放视频《三十六个字》，提醒学习者注意视频中出现的 36 个象形字：日、山、水、木、林、鸟、象、草、田、竹、马、夫、刀、舟、鱼、网、燕、云、雨、伞、石、火、龟、鹿、豕、叟、虎、弓、舍、羊、花、门、犬、子、女、月。

6. 通过文字和图片，介绍汉字的起源。使学习者了解到在世界上最古老的四种文字中，至今仍在使用的，只有中国的汉字。讲述仓颉造字的传说故事，注重知识性和趣味性。

7. 通过文字和图片，介绍汉字的演变：甲骨文、金文、篆书、隶书、楷书。同时，为适应海外汉语教学的特殊性，为学习者介绍繁体字和简体字的概念和区别。

8. 介绍汉字的数量，通过介绍《汉语大字典》和《中华字海》等词典收录的汉字数量，《现代汉语通用字表》和《现代汉语常用字表》等字表的汉字数量，并对比中国小学生和初中生的识字量等概念，使学习者了解掌握 2 500～3 500 个汉字，便足以满足在中国日常生活所需。

9. 介绍汉字的书写规则。通过笔画图片以及汉字书写动图的展示，使学习者了解汉字是由笔画构成的，汉字的书写遵循着一定的书写顺序和规律；通过对汉字的结构拆分，引入部首的概念，并初步使学生了解到形声字、会意字的概念和区别。

10. 通过播放汉字教学视频，使学生进一步了解汉字的组合方式，引入四种造字法：象形、指事、会意、形声。

11. 游戏互动环节：认字、猜汉字谜语、象形字找朋友（猜字意）、汉字组合、汉字续写（一人写一笔）、汉字传递（后背写字一一传递）等。

12. 总结：汉字有历史，汉字有文化，汉字真奇妙。

四、创新之处

1. 在讲座过程中注重多媒体、影音视频、图片等资源的运用，图文并茂，生动有趣。

2. 游戏环节设计丰富，互动性、参与性、趣味性强。

3. 引入繁体字和简体字的概念，切合当地汉语教学实际。

4. 讲解时注重多语种的配合，尤其是当地语言的使用。

五、反思与分析

（一）教学效果

1. 通过讲座，使与会学习者全面了解了汉字的起源和演变，汉字的书写规则，笔画、笔顺、部首的概念，象形、指事、会意、形声等造字方法以及历史上汉字在世界各国的使用情况和现今中国使用的汉字数量等，进一步加深了海外汉语学习者对汉字知识的理解和掌握。

2. 通过讲座，使与会学习者深刻体会到了汉字中蕴含着中国几千年来深厚的历史文化内涵，从而使其对中华文化产生了浓厚的兴趣，激发了学习者学习汉字、汉语、汉文化的热情。

3. 通过讲座，使与会学习者进一步了解了古代中国人认识世界的方式和中国人的思维方式，加深了海外汉语学习者及社会各界人士对中国人、中国人的思维方式的理解，促进其进一步探索中国、了解中国。

（二）注意事项及改进思路

1. 讲座所使用的语种问题。讲座的听众有部分具有初、中、高级汉语基础的学习者，其中以初级水平汉语学习者为主；也有大量无汉语学习经历的普通民众（这部分受众也是我们讲座主要想争取的人群）。受众汉语水平不一，加之部分当地民众英语水平亦有限，所以此类讲座对演讲者的外语水平，尤其是对当地语言的使用能力具有较高的要求。本次讲座主讲人的讲述以汉语和英语为主，演讲课件中的说明文字以意大利语为主，这是我们进行该系列讲座的一次有益尝试，但为了受众能更好地领会该系列讲座的内容，使文化的传播更顺畅，之后同系列的其他讲座，我们配备了熟练掌握意大利语的中方志愿者教师进行翻译工作。

2. 面向海外的中国文化系列讲座应在普及相应知识、传播中国文化的同时，以引起与会者兴趣和参与度为重要目标，所以在讲座整体设计时要兼顾知识性和趣味性，如在介绍知识性内容时，增加图片和视频影音材料等多媒体资源的展示，避免枯燥讲解。同时，设计大量丰富有趣，能提高与会者参与度和新鲜感的游戏互动、实操体验等环节，从实施效果来看，互动环节应准备充分，多重预案，避免重复甚至冷场。

孔子学院是世界各国民众学习汉语言文化、了解当代中国的重要场所。开展汉语教学和中外教育、文化等方面的交流与合作，是孔子学院工作的重要内容。如何讲好中国故事，传播好中国声音，让世界更好地了解中国，是每一位孔子学院教师和志愿者都需要认真思考的问题。意大利佛罗伦萨大学孔子学院开展的中国文化系列讲座，既是一种有益的尝试，也获得了意大利当地民众的热烈反馈和积极欢迎。该系列讲座由“汉字的故事”开篇，不仅涵盖了汉字、京剧、书法、诗词、太极拳、茶文化等中国传统文化内容，也讲述了现当代中国在经济、文化、政治、科技、社会发展等各个领域的现状及取得的成就，适应了意大利当地民众对汉语学习的需要，增进了当地民众对中国语言文化的了解，加强了中国与当地的教育文化交流合作，发展了中意两国人民的友好关系，为促进世界多元文化发展、构建和谐世界和人类命运共同体贡献了一份力量。

甘于淡泊，不为物役

——以《陋室铭》的教学设计为例

张志方

一、案例简介

（一）课程和案例的基本情况介绍

1. 课程介绍

该课程面向留学生中高级班开设，属于选修课之一。主要目标通过这首骈体铭文，让留学生感受中国古典诗词文学的艺术魅力；感受文学家刘禹锡在这首诗中所表达的中国文人洁身自好、不慕名利、不与世俗同流合污的生活态度；感受中国文人以仁为先，以德为首的优秀品格，进而体会中国人民在这种精神的带领下、文化的熏陶下而自然形成的民族气质。

2. 案例介绍

案例选自唐代文学家刘禹锡的名作《陋室铭》，这是一首托物言志的骈体铭文。作者通过短短八十一字，借陋室来书写自己安贫乐道、不与世人同流合污的意趣，“斯是陋室，惟吾德馨”短短八字便展现出其中所蕴含的“人当以德为首”的育人文化元素。本课程将从重点字词的讲解、骈文铭文的文化特点、刘禹锡跌宕起伏的人生经历、这首古文创作的历史背景、课后相关延伸阅读和讨论等方面，加深留学生对中国传统文化的了解。

（二）立德树人方面的价值

《陋室铭》是刘禹锡在安徽和州任职时所作。《历阳典录》：“陋室，在州治内，唐和州刺史刘禹锡建，有铭，柳公权书碑。”刘禹锡因在任监察御史期间，曾经参加王叔文的“永贞革新”，反对宦官和藩镇割据势力。革新失败后，被贬至安徽和州县当一名小小的通判。和州知县故意为难刘禹锡，强迫他一次又一次搬家，搬了三次，且面积一次比一次小，最后仅是斗室，只可容纳一桌一床而已。刘禹锡遂提笔写下这篇超凡脱俗、情趣高雅的《陋室铭》，并请人刻上石碑，立在门前。

从主题来看，《陋室铭》通过对居室的描绘，形容出陋室不陋，反而意趣盎然，以此表达出作者不与世俗同流合污，洁身自好、不慕名利的生活态度，流露出作者安贫乐道的隐逸情趣，以及高杰傲岸的节操。

从立意来看，《陋室铭》以衬托手法托物言志。并以反向立意的方式，只字不提陋室之“陋”，只写陋室“不陋”的一面，而“不陋”是因为“德馨”，人当以德为首，从而自然地达到了抒怀的目的。

二、思路与目标

（一）教学思路

中国地大物博、历史悠长，在这片土地上几千年来孕育出的中国传统文化厚重博大精深，蕴含了哲学思想、人生智慧。对留学生而言，以传统文学作品作为教学内容，更直观形象，可以使学生更好地了解中国文化，体会中国传统文化的美与其中的哲学思想，感受中国人洁身自好、坚守自我的原则与行为处事方法。

（二）教学目标

1. 知识目标

(1) 作者简介

刘禹锡，字梦得，籍贯河南洛阳，其先祖为中山靖王刘胜。唐代时期大臣、文学家、哲学家，有“诗豪”之称。其诗文俱佳，涉猎题材广泛，与柳宗元并称“刘柳”，与韦应物、白居易合称“三杰”，与白居易合称“刘白”，留下《陋室铭》《竹枝词》《杨柳枝词》《乌衣巷》等名篇。哲学著作《天论》三篇，论述天的物质性，分析“天命论”产生的根源，具有唯物主义思想。著有《刘梦得文集》《刘宾客集》。

刘禹锡的青少年时期随父在江南，幼时学习儒家经典并吟诗作赋，曾得当时著名诗僧皎然、灵澈的熏陶指点。贞元六年，进士及第，同年登博学鸿词科。两年后再登吏部取士科，释褐为太子校书，不久丁忧居家。贞元十六年，杜佑以淮南节度使兼任徐泗濠节度，辟刘禹锡为掌书记。贞元十八年，调任京兆府渭南县主簿，不久迁监察御史。贞元二十一年正月，唐德宗驾崩后，李诵即位，是为唐顺宗。原太子侍读王叔文、王伾素有改革弊政之志，这时受到唐顺宗信任进入中枢。刘禹锡的才华志向受到王叔文器重，遂被任为屯田员外郎、判度支盐铁案，参与对国家财政的管理。此段时间，刘禹锡政治热情高涨，和柳宗元一道成为革新集团的核心人物。以王叔文、王伾素、刘禹锡、柳宗元为核心的集团在执政期间采取很多具有进步意义的举措，但由于改革触犯了藩镇、宦官和大官僚们的利益，在保守势力的联合反扑下，很快宣告失败。唐顺宗被迫让位于太子李纯，王叔文赐死，王丕被贬后病亡，刘禹锡与柳宗元等八人先被贬为远州刺史，随即加贬为远州司马。这就是历史上著名的"八司马事件"。此后，刘禹锡在朗州近十年。其间，刘禹锡创作了大量寓言诗，表达了对当朝权贵的极大不满，又写了许多赋来表达自己不甘沉沦的雄心。由于接触当地民间歌谣，从中吸取了营养，他的诗歌创作表现出一些新的特点，语言纯真、简洁。他还写了多篇哲学论文，最重要的便是与柳宗元《天说》相呼应的《天论》三篇。

元和九年十二月(815 年 2 月)，刘禹锡与柳宗元等人一起奉召回京。次年三月(816 年)，刘禹锡创作了《元和十年自朗州召至京戏赠看花诸君子》一诗，得罪执政，被贬谪到更远的播州去当刺史，幸有裴度、柳宗元诸人帮助，改为连州(今广东连州市)刺史。此后，刘禹锡在连州近五年。元和十四年(819 年)，刘禹锡因母丧才得以离开连州。长庆元年(821 年)冬，刘禹锡被任为夔州(今重庆奉节县)刺史。长庆四年(824 年)夏，调任和州(今安徽和县)刺史。宝历二年(826 年)，刘禹锡奉调回洛阳。827 年，任职于东都尚书省。从初次被贬到此时，前后共历二十三年。

(2) 骈体铭文简介

铭文,又称金文、钟鼎文,是指铸刻在青铜器物上的文字。本来是古人在青铜礼器上加铸铭文用来记载铸造该器的原由、所纪念或祭祀的人物等,后来泛指在各类器物上特意留下的记录该器物制作的时间、地点、工匠姓名、作坊名称等的文字。

铭文是华夏文明的瑰宝,青铜器作为一种文字载体,传播历史事件和古代知识,起到一定的书籍作用,故历来的中国书史研究者把青铜器铭文视为中国书籍的初期形式之一。后来由于文字应用日渐广泛和携带方便的需求,铸刻青铜器上的铭文也最终被当时通行的简册书帛所取代。总之,青铜器铭文的发展经历了简铭期、长铭期、衰退期。

骈文又称骈体文、骈俪文或骈偶文。骈文是一种文体,起源于汉代,盛行于南北朝。指古代以字句两两相对而成篇章的文体。因其常用四字句、六字句,故也称"四六文"或"骈四俪六"。全篇以双句(俪句、偶句)为主,讲究对仗的工整和声律的铿锵。

《陋室铭》全文两两相对,对仗工整、声律铿锵,又《陋室铭》刻于石碑,立在自家门前,借陋室抒发情怀,故为一篇托物言志的骈体铭文。

(3) 创作背景

《陋室铭》创作于刘禹锡在安徽和州任职期间(824—826年)。《历阳典录》:"陋室,在州治内,唐和州刺史刘禹锡建,有铭,柳公权书碑。"

刘禹锡因在任监察御史期间,曾经参加王叔文的"永贞革新",反对宦官和藩镇割据势力。革新失败后,被贬至安徽和州县当一名小小的通判。按规定,通判应在县衙里住三间三厢的房子。可和州知县见刘禹锡被贬,故意刁难,先安排他在城南面江而居,刘禹锡不但无怨言,反而很高兴,还随意写下两句对联,贴在门上:"面对大江观白帆,身在和州思争辩。"和州知县知道后很生气,吩咐衙里差役把刘禹锡的住处从县城南门迁到县城北门,面积由原来的三间减少到一间半。新居位于德胜河边,附近垂柳依依,环境也还可心,刘禹锡仍不计较,触景生情,又在门上写了两句话:"垂柳青青江水边,人在历阳心在京。"

那位知县见其仍然悠闲自乐，满不在乎，又再次派人把他调到县城中部，而且只给一间只能容下一床、一桌、一椅的小屋。半年时间，知县强迫刘禹锡搬了三次家，面积一次比一次小，最后仅是斗室。刘禹锡遂提笔写下这篇超凡脱俗、情趣高雅的《陋室铭》，并请人刻上石碑，立在自家门前。

(4) 艺术表现手法及引用的典故“南阳诸葛庐”“西蜀子云亭”“孔子”

文章开篇使用比兴手法，“山不在高，有仙则名；水不在深，有龙则灵”，以山高、水深引出陋室，将仙人、神龙比喻陋室主人的德馨；“南阳诸葛庐，西蜀子云亭”，又用古代著名的陋室映衬今日之陋室，借以将古代贤人比喻作者自己。句式上，前两句散句单行，后两句骈俪偶对，骈散相间，又颇具韵律美。写法上，一二句从正面写，三四句从反面写，正反结合，且“可以调素琴”与“无丝竹之乱耳”、“阅金经”与“无案牍之劳形”又形成呼应和对照，文思十分巧妙。最后引证古人、古迹、古语作结。把陋室比作诸葛孔明的南阳草庐、扬雄的成都宅第；最后引孔夫子的“何陋之有”，则说明自身的志趣与圣人之道相符。

2. 文化目标

作为千百年来流传至今的名篇，文章巧妙地运用了多种艺术手法。开篇成功地运用了比兴手法。“山不在高，有仙则名；水不在深，有龙则灵”，以山高、水深引出陋室，以仙人、神龙比喻室主的德馨；“南阳诸葛庐，西蜀子云亭”，又以古代著名的陋室映衬今日之陋室，以古代贤人比喻作者自己。继而有叙述、描写，抒情、议论，有染有点。“苔痕上阶绿。草色入帘青。谈笑有鸿儒，往来无白丁。可以调素琴，阅金经。无丝竹之乱耳，无案牍之劳形”，是叙述描写，是染。最后一句“何陋之有”，是用典，也是抒情、议论，是点，画龙点睛。点染结合，融叙述描写、抒情议论于一炉。另外，在语言表达上，多用四字句、五字句，有对偶、排比，只有最后一句用了散文句式，句式整齐而又富于变化，文字精练而又清丽，音调和谐，音节铿锵。

《陋室铭》篇幅短，格局大。陋室与诸葛庐、子云亭并提，居住其中，有古之贤人、今之鸿儒相伴，世人眼中的陋室实则一点不“陋”。

全文将写景、抒情、咏志融为一体，凭借广阔的想象、幽雅恬静的审美写出了乐观豁达的人生境界，蕴含着深厚的哲理。同时也清晰地表达出中国古代文人的人生理想、智慧、境界和优秀品格，“达则兼济天下，穷则独善其身”，若能为天下百姓出力便出全力，若苦无机遇救济天下，至少做到独善其身、保持乐观积极的生活态度，这是生而为人的大智慧，值得世人学习品味。

三、设计与实施

1. 导入新课。

请学生做出选择：

A 一套华丽的别墅，代价是一生说违心的话，做违心的事。

B 一所简陋的小房子，但有绿色有知己相伴，做自己。

2. 引入《陋室铭》，说到刘禹锡。介绍刘禹锡生平，《陋室铭》创作背景。

3. 了解“铭文”的特点，“骈体”的特点。何为“骈体铭文”？

4. 重点解释文中一些字词的意思与文意，并带领学生诵读整文。让学生能感受到作者想要表达的情怀，感受汉语的韵律之美。

山/不在高，有仙/则名。水/不在深，有龙/则灵。斯/是陋室，惟吾/德馨。苔痕/上阶/绿，草色/入帘/青。谈笑/有鸿儒，往来/无白丁。可以/调素琴，阅金经。无/丝竹之乱耳，无/案牍之劳形。南阳/诸葛庐，西蜀/子云亭，孔子云：何陋/之有？

5. 让学生自己朗读并找出文中的韵脚所在。

6. 关于文章艺术表现手法以及文章的立意讲解。

根据内容，可以将文章分为三部分。

第一部分为第1～3句。《陋室铭》开篇以山水起兴，引入正题，既显得出手不凡，也为以后的陋室歌颂功德埋下伏笔。山不在于高或低，水不在于深或浅，只要有仙山便可出名，同理有龙水亦为名水。那么居处虽然简陋，却可因主人有“德”而“馨”，也就是说陋室会因为有道德品质高尚的人居住而声名远播。这种借力打力的写作手法，非常巧妙。特别是以仙龙点睛山水，可谓匠心独具。“斯是陋室，唯吾德馨”，由山水仙龙入题，笔锋一转，直接切入主题，看似突兀，却又浑然一体，因为上面的对比句恰好为这句的引论做好了铺垫。

第二部分为第4～7句。这几句写陋室环境与丰富多彩的日常生活：“苔痕上阶绿，草色入帘青。谈笑有鸿儒，往来无白丁。可以调素琴，阅金经。无丝竹之乱耳，无案牍之劳形。”是作者对道德品质高尚人士日常生活的总结。在前面几句的妙笔生花说明了作者的志趣后，读者的思绪随之渐入佳境，此时明理，读者更易于接受作者的思想。作者以“苔痕上阶绿”的淡雅之色，隐寓作者的恬淡之心，又马上以“草色入帘青”的生机盎然点明恬淡中充满生机的鲜活的生活状态，运用了借代的修辞手法。交朋识友，皆是同道高洁之士，抚琴研经，生活从容多滋味。远离嘈杂的音乐，远离伤神的公务，这种闲暇的生活实在让人羡慕。这种既像隐士，又存在于尘世的生活方式，是道德高尚之士羡慕的，也是凡夫俗子们所向往的。通过这几句的描写，我们看到了一幅神仙般的生活画卷，表达了陋室主人雅致澹泊的生活情趣。

“南阳诸葛庐，西蜀子云亭”。作者借南阳的诸葛亮的草庐、西蜀扬子云的玄亭作类比，引出自己的陋室，也表明作者以此二人为楷模，希望自己也能如同他们一样拥有高尚的德操，反映自己以古代贤人自况的思想，同时暗示“陋室”不陋。实际上刘禹锡这样写还有另一层深意，即诸葛亮是闲居隆中草庐以待明主出山。而扬雄呢？却是淡薄于功名富贵、潜心修学之士，虽官至上品，然他对于官职的起起落落与金钱的淡泊，却是后世的典范。刘禹锡引用此二人借以表达：处变不惊、处危不屈、宠辱不惊、坚守节操的意思。既不愿与世俗同流合污，又想逢明主一展抱负，若无明主，就甘于平淡的志向。

第三部分为第8～9句。结句引用“孔子云:何陋之有?”,引古人之言,收束全篇,说明陋室“不陋”。表达了他对当时封建礼教的最高道德品质的追求。用圣人肯定的操守来规范要求自己,这应该是刘禹锡对自己的道德品质的最高要求。这样的结句,结合题意,真是妙手天成。中国文人向来是以儒家的道德标准为最高道德标准的,孔夫子的肯定,也就为他道德品质的论注下了最好的定论。

这篇文章表现的主题就是通过对陋室的描绘和歌颂,表达作者以德为先、宠辱不惊、甘于淡泊、不为物役的高尚情操,反映出作者不畏权贵、不与之同流合污的高洁品格。

四、反思与分析

(一) 教学效果

中华民族的历史源远流长,传统文化绵延不尽,是中华民族凝聚力的一个重要来源,也是外国友人了解中国文化的一个窗口。在这历史长河中,一个一个鲜活的人物,他们的生平、经历更容易引起学生的情感共鸣。学生通过此案例的学习,在产生情感共鸣后,势必能激发学生的学习兴趣,进而更主动地去了解中国文化,也为取得良好的教学效果奠定基础。

(二) 教学中的注意事项及改进思路

毋庸置疑,任何文化之间一定是存在差异的,尤其是唐代的古文距今已经有一千多年的历史,语言表达或是创作的历史背景,都是困扰学生的主要原因,故而在讲授时,要采用灵活机动的教学模式,综合运用教师讲解、学生讨论、观看视频资料、图片、音乐欣赏等方式,激发学生的共情意识,让留学生更好地学习和了解在一定的历史背景下作者忧国忧民却倍感无能为力,被小人欺压却依然乐观豁达、积极表达“德为先”的价值观。进而弘扬中国文化,传播中华民族气质,实现与世界文化交流的目的。

附：

《陋室铭》

（唐）刘禹锡

山不在高，有仙则名。水不在深，有龙则灵。斯是陋室，惟吾德馨。苔痕上阶绿，草色入帘青。谈笑有鸿儒，往来无白丁。可以调素琴，阅金经。无丝竹之乱耳，无案牍之劳形。南阳诸葛庐，西蜀子云亭，孔子云：何陋之有？

积极入世，乐于奉献

——以《中国概况》的教学为例

张占山

一、案例简介

（一）课程和案例的基本情况介绍

1. 课程介绍

《中国概况》是面向全校本科留学生开设的公共基础必修课的教材，这门课是汉语言专业本科留学生的专业基础必修课，承担着向他们全面系统介绍中国政治、经济、科技、教育、文学、艺术、历史、传统思想等各方面基本情况的教学任务。近年来，随着留学生教育的深化和发展，其还需为中国企业走出去服务、为新时期引进国外智力建设现代化国家服务，这不仅要求留学生具有过硬的专业技能，对他们的中国国情知识水平也提出了更高要求。因此教育部《来华留学生高等教育质量规范》中指出，来华留学生的专业培养方案应当包含"中国概况类课程的必修要求""高等教育应当安排充足、适用的汉语课程和中国概况类课程，满足来华留学生修课需求"。

同济大学在留学生通识教育方面早有布局，早在 2005 年陈强教授主持外国留学生新生院工作时即开设这一课程，至今已有十余年。课程自设立以来，学校对该课程建设一直非常重视，多次资助该门课程的院级、校级教学改革项目，支持任课教师从课程"适用"角度下功夫，改革创新教学方法，提高课程教学质量。

2. 案例介绍

本案例从《中国概况》（宁继鸣主编，北京语言大学出版 2018 第二版）教材第十章中国古代教育介绍孔子在中国教育史上“首创私学”“有教无类”的开创性贡献拓展开来，指出教师这一行业的鼻祖——孔子之所以受尊敬，是因为他所开创的事业给普通民众带来了前所未有的受教育机会，使普罗大众真正跟贵族阶层一样享有受教育的权利，教育这个人类赖以提升自己能力、完善自己人格以及改变自己命运的社会活动，再也不是贵族阶层之特权。并结合第十一章中国古代思想中儒家“积极入世”的思想，指出儒家倡导积极地参与到社会活动中去，以天下为己任，以为社会发展进步、为他人生活更美好做出自己的贡献作为自己的人生追求。正因为以孔子为代表的儒家思想对社会发展所起到的积极作用，历史上才被学习、施行，儒家才被尊崇。孔子倡导私学的行动，体现了一种无私的利他精神。一个人想要获得别人的尊重，最好的途径是对别人有所贡献，有所帮助，孔子就是最好的例子。借此使留学生对积极奉献的中华文化精神产生认同，对他们进行优秀中华文化的熏陶，引导他们认识到一个人想要被人尊重，就需要学习孔子的精神，对他人有所帮助，有所奉献，通过潜移默化的影响，为学生正确人生观和健全人格的形成，发挥积极作用。

最后指出孔子首创私学所体现出来的是一种可贵的为他人、为社会积极采取行动的思想，以孔子为代表的儒家倡导积极入世，为他人提升、进步提供帮助，为社会发展提供自身的聪明才智，而不是对抗，下绊子。联系到我们国家创立孔子学院，走出去为汉语学习者提供方便，联系教材第八章中国外交这一节所介绍的“一带一路”“人类命运共同体”倡议，其中所体现出来的互利互惠，合作共赢的思想与儒家的思想内涵是一致的，那就是：积极参与，为他人发展进步、为世界更加美好贡献聪明才智。这样可以打消外国留学生的对“一带一路”等的猜疑，从而带动周围亲戚朋友也能对这些倡议的出发点有正确的了解和认识，对美国污蔑“一带一路”倡议的宣传起到拨乱反正的作用。

（二）设计意义

该思政案例，通过深入挖掘孔子在中国古代社会享有崇高地位的原因，结合孔子及其门人所提倡的积极入世思想给中华民族的巨大影响，让外国留学生从情感上认同积极奉献、合作,认同利他、奉献的社会交往原则,鄙视为别人发展下绊子、设障碍的做法,从而为形成正确的人生观和健全人格,施加潜移默化的积极影响。另一方面,引导留学生从中华民族为人处世的思想根源出发去理解“孔子学院”“一带一路”“人类命运共同体”,从而消除国际上“阴谋论”的无端猜疑,为中国发展营造良好的国际大环境。

二、思路与目标

(一) 设计思路

在学习第十章中国古代教育时,当讲解教育家孔子时,深入发掘两千年前孔子首创私学的思想出发点——为他人积极贡献自己的才智,而不是担心他人的发展进步影响到自己的利益,采取阻碍他人发展的行动或措施。通过儒家与道家的对比,深入浅出地讲解何为“积极入世”、何为“消极出世”,并结合当今现实,指出,“一带一路”倡议是千百年来处于正统地位的儒家思想浸润下的中国知识分子在“积极入世”思想驱动下的自然行动,其中的为他、利他因素是中国传统思想的具体体现,是古为今用、解决当今世界发展问题的中国智慧。

(二) 设计目标

1. 知识目标

(1) 通过第十章中国教育的课程学习,使学生了解中国教育的发展情况及其基本特点,了解私学的开创者孔子在中国教育史上的巨大贡献,及所享有的崇高地位:被尊封为“万世师表”“大成至圣”。

(2) 通过第十一章中国古代思想的学习,使学生了解儒、释、道三家的思想内涵及其对中国人民族心理的影响,了解各家思想主张中有利于当今社会发展的积极要素与需要批判摒弃的消极内容。

(3) 了解在中国历史上占主导地位的儒家思想被尊崇的重要原因之一是其所倡导的积极入世、为社会发展建功立业的精神,这一思想主张,对在中国社会发展中起重要作用的知识阶层发挥着引领的作用，是他们奉献社会动力的精神源泉。孔子倡导私学，其实也正是这一精神的践行与体现。

2. 育人目标

（1）通过以上知识的传授，使学生情感上认同奉献、积极入世，从而为形成正确的人生观和健全人格，施加积极的影响。

（2）使留学生对“孔子学院”“一带一路”国际合作倡议等的出发点有正确的理解和认识，其中没有陷阱，从而培养知华、友华、支持中国发展的国际友人。

三、具体实施

1. 讲解第十章中国教育第一节中国古代教育

“同学们，大家都知道孔子，中国人特别尊敬孔子，那大家知道为什么吗？”（引导学生就自己所知展开讨论……）

然后教师在总结学生观点的基础上指出孔子在中国教育史上的所作出的巨大贡献。孔子之所以被尊重，不仅仅是因为他活着时所做的贡献。他以渊博的学识，以纯熟的教学技巧（因材施教、不忿不启、不悱不发……），为社会培养众多人才，其弟子三千，贤人七十二，很多是辅佐国君的栋梁之材，晚年修诗书，编春秋，为春秋战国时的文化繁荣做出了贡献。我们评价孔子更应跳出他一生，将他放在整个社会发展的历史长河中，来看他所倡行的事业给社会及个人发展所带来的积极意义。

课文中指出，孔子首创私学，一变“学在官府”之风，使普通人也拥有了受教育的权利，这是泽被万代的伟业。虽然私学首创者是孔子还是老子亦或其他人学术界尚存争议，但孔子作为私学的最重要的倡导者及长期实践者，其教学活动的规模、贡献在当时无人能出其右，这一点是毋庸置疑的。而且孔子对学费并不特别看重，《论语·述而》中记载，孔子“自行束修以上，吾未尝无诲焉”。据研究古代经济的专家考证，春秋时期，随着铁器在农业生产中的广泛应用，社会生产力有了显著提高，家庭畜牧业也有了长足的发展，“束修”（十条干肉）不是多么贵重的东西，一般家庭是能够拿出来的。在儒家著作中未见其他继续收取学费的记录。低廉的学费，使一般人真正得以享有受教育的权利。与当时官学只收官僚贵族子弟相比，孔子的行为首先是“利他”。中国有一句俗话叫“教会徒弟，饿死师傅”，但孔子并没有从自身利益考虑，他尽心尽力地教授弟子。他的弟子中杰出的人才很多，据记载孔子有弟子三千多人，贤人七十二人。正因孔子让普罗大众获得了受教育的权利，为社会发展、为他人能力提高、人格完善、生活幸福做出了开创性贡献，因此社会也给予他应得的地位和荣誉。大家如果想被人尊重，也应该奉献，人生的意义首先不是索取，孔子就是最好的例子。孔子的办学精神影响了后世很多人，比如厦门大学，是由爱国华侨陈嘉庚散尽家资，倾尽其所有创立、建设，他是近现代发扬孔子精神，重视私学的代表。

这些分析为后文讲解儒家思想的“积极入世”的精神及积极奉献人生观的熏陶埋下伏笔。

2. 讲解第十一章中国古代思想

“仁”“礼”的实行，依赖的是社会个体的高度自觉，而这与人的本性在一定程度上是冲突的，因此我们现在讲“依法治国”。儒家思想中所倡导的“君要臣死，臣不得不死”的愚忠思想，在当今是要批判的，我们行事“不唯书、不唯上，要唯实”；其“礼”的思想有一部分是值得肯定的，在一定程度上维护了封建社会秩序，但所包含的森严的封建等级观念，其他如其鄙视体力劳动的观念（“吾少也贱，故多能鄙事。”《论语·子罕》）、歧视女性的观念在当今时代是不可取的，当今社会人人平等，只有职业分工的不同。儒家号召读书人积极地参与到社会发展中，为社会的发展做贡献，这种人生态度是具有积极意义的，跟道家的逃离社会、隐居深山的态度相比，更值得称赞。儒家的思想主张是积极入世的，道家的思想主张是消极出世。道家倡导脱离社会，精神放松，寄情山水，与世无争，不参与社会与人的发展，以求得内心放松与宁静。儒家与此相反，修身、齐家、治国、平天下，希望首先建设好自己，然后利用自己的聪明才智，为郡邑和国家的发展、为他人生活幸福做贡献，“太上立功，其次立德，其次立言”（司马迁）、“先天下之忧而忧，后天下之乐而乐”（范仲淹）、“天下兴亡，匹夫有责”(顾炎武)、“我以我血荐轩辕”(鲁迅)……(在此呼应第十章所讲过的内容)所有这些文人的崇高言论,都是在儒家精神的熏陶感召下发出的,与儒家创始人孔子首创私学所体现出来的精神是一致的,人生意义的出发点首先是社会、国家、他人的发展,而自身的利益往往被置于第二位。即使遇到不顺,也不放弃,等待时机,甚至百折不挠。“穷则独善其身,达则兼济天下”(《孟子·尽心上》),“故天将降大任于斯人也,必先苦其心志,劳其筋骨,饿其体肤,空乏其身,行拂乱其所为,所以动心忍性,曾益其所不能。”(《孟子·告子下》)这是一种为了国家、民族百折不挠的精神。

3. 联系第八章中国外交中的“一带一路”“人类命运共同体”倡议

我们在第八章中国外交的第三节“重返联合国、一带一路与二十国集团杭州峰会”中学到了“一带一路”“人类命运共同体”倡议,“一带一路”给相关国家带来发展机遇,当然也给中国带来发展机遇,大家互利共赢,“己所不欲,勿施于人”,在儒家传统仁爱思想影响下,中国主张国与国一律平等,不靠欺压剥削别国发展自己。“一带一路”“人类命运共同体”倡议出发点是儒家的积极入世思想,发挥自身才智,让天下发展得更好,也就是以天下为己任,当然这里“天下”的概念扩大了,不仅仅是中国,指整个世界。当今世界的发展使国与国之间的联系越来越紧密,环境问题、发展问题、气候问题、大规模传染病防治等问题都是人类面临的共同问题,不能依赖一个或几个国家解决,“人类命运共同体”提醒人们注意这些,倡议中没有阴谋包含在内,是儒家仁爱思想和积极入世思想相加影响之下自然而然的行事风格。

四、创新之处

本案例创新之处在于,将授课内容前后结合,融会贯通,加深学生对影响中国人思想两千余年的儒家思想的认识,知晓其中的精华,如仁爱、积极入世等,并吸收借鉴,用以陶冶学生的情操、引导形成正确的人生观,摒弃其中不符合时代发展的消极内容,如封建等级观念、歧视女性和体力劳动者等。然后从儒家积极入世的主张出发,引导学生理解中国外交“一带一路”等政策倡议的出发点,有理有据,容易理解,从而潜移默化地培养学生知华、友华，达成培养国际友人这一育人目标。两千多年以前的儒家学派的开创者孔子，为了平民教育能够进行下去，把自己的利益摆在次要地位，他的行为出发点首先是有利于社会、他人的发展；学生知晓以上情况，知晓儒家思想培养熏陶下的千千万万知识分子为了社会发展牺牲个人利益的言行，联系孔子自身的行为，对儒家积极入世的精神实质、己所不欲勿施于人的仁爱精神实质定会有切身了解，这样前后贯通，对“一带一路”的出发点也就会有深刻的了解。

五、教学反思

本教学案例，以孔子在教育史上的巨大贡献与儒家思想两个知识要点为依托，深入挖掘其中隐含的育人要素，灵活运用教材内容，前后贯通，具体形象地展开。思政育人有榜样的力量，能激发学生的动力，而不是单纯说教，喊口号，可得到理想的育人效果。

附：案例涉及教材内容

1. 第八章　中国外交　第三节重返联合国、一带一路与二十国集团杭州峰会（P125 127）

2. 第十章　中国教育第一节教育历史私学（P146-149）

3. 第十一章　中国传统思想第一节儒家思想（P164-167）

后记

“国无德不兴，人无德不立。”“立德树人”是中华民族在悠久的历史长河中，不断积累、沉淀形成的优秀文化传统，是过去、当前、未来中国教育的根本任务。

不言而喻，人才培养始终是学校教育的永恒主题，课堂教学质量是人才培养质量的重要保障，每一门课程则是贯彻与落实教学目标的关键载体，是学生提升专业水平、树立价值观念的重要阶梯。

因此，如何完善课程体系、优化课程设计、打造“金课”，实现国际中文教育人才本土化，满足世界各国学子对汉语学习以及了解中华文化的迫切需求，是每一位耕耘在国际中文教育界教书育人者的义不容辞的崇高使命。为此，同济大学国际文化交流学院紧密结合国家战略，依托同济学科特色，以培养具有全球视野、创新精神、实践能力的应用型、复合型、国际化中文教育专门人才为理念，为国际中文教育事业的蓬勃发展添砖加瓦。

学院设有以核心课程为主导、模块拓展为补充、实践训练为重点的完善的课程体系，培养学生全方位驾驭国际中文课堂、策划并实施文化交流活动、讲好中国故事等方面的综合能力。我们开设了“第二语言学习理论与实践”“国际汉语课堂教学案例与实践”“跨文化交际”“汉语语言要素与技能教学”等专业课程，筑牢学生职业根基与操守；我们通过“‘一带一路’文化经典解读”“人类命运共同体构建：中外文化比较”“中国概况”“中华文化经典”等课程，拓展学生视野，提升学生讲好中国故事、展示中国形象的能力，升华学生对优秀中华文化及思想价值的认同；我们还设计了“现代教育技术应用”

“汉语教材与教学资源利用”等实务课程，通过校外引智、校企联合打造了系列讲座，训练学生“中文+”素养，提升学生创新与实践能力。

本书荟萃了同济大学国际文化交流学院教师在日常教学实践中所积累的宝贵经验，成果均为原创。多年来他们默默无闻地探索着国际中文教育发展的内涵，兢兢业业地履践着“立德树人”的根本任务。他们如同园丁一般，通过日日夜夜的精心浇灌与呵护，将来自世界各地的花朵培育成为茁壮成长的鲜花，让五颜六色的鲜花在世界各个角落散发出沁人的芬芳。他们用自己的辛勤与汗水，让学生对汉语与中华文化兴趣盎然；他们用无微不至的关切和慈爱，让学生的内心充满了阳光、幸福与感恩。

本人有幸成为国际中文教育事业的一分子，真切体会到了“莫愁前路无知己”的幸福，亲身感受着中外人文交流所带来的充实感、获得感与成就感。

“沧海横流显砥柱，万山磅礴看主峰。”本书的编写、集结离不开国际文化交流学院院长孙宜学教授的关心与指导。孙教授是我所尊敬的兄长，与他共事，时常能感受其治学的严谨、语言的诙谐、思维的敏捷、作风的雷厉。身边伫立着这样一棵“大树”，于我而言是莫大的荣幸，也是无形的鞭策。

“船到中流浪更急，人到半山路更陡。”国际中文教育事业虽已取得令人瞩目的成就，但绝不能孤芳自赏、沾沾自喜。本书是2021年同济大学课程思政项目的最新成果，体现了国际文化交流学院近年来的教改成效。本书的付梓旨在与各位同道中人分享教学心得与体会，书中难免有挂一漏万之处，欢迎海内知己批评斧正。

陈毅立　谨识

2021年8月7日立秋